# 身临其境

## 校园心理情景剧故事

主　编　朱　炜

副主编　（按姓氏笔画排列）

牛燕华　刘羿歆

陈冉苒　陈　超

上海交通大学出版社
SHANGHAI JIAO TONG UNIVERSITY PRESS

**内容提要**

　　本书是表达性艺术之校园心理情景剧与情绪智力课程有机结合的成果，根据情绪的复杂程度分为三个部分，每个部分主要包括六种情绪，以情绪为主线展开生动的校园故事。故事以心理情景剧剧本的形式呈现，融技术性、趣味性、互动性、教育性于一体。一人一故事、一人一剧场，读者可跟随故事主人公的步伐，在识别、理解、表达、调节情绪的过程中悦纳自我，逐渐成为情绪的主人。本书适合广大中小学生阅读，也可为心理工作者提供参考。

**图书在版编目（CIP）数据**

身临其境：校园心理情景剧故事/朱炜主编. —
上海：上海交通大学出版社，2024.7
　　ISBN 978-7-313-30561-9

　　Ⅰ. ①身… Ⅱ. ①朱… Ⅲ. ①中小学生—心理健康—
健康教育 Ⅳ. ①G444

　　中国国家版本馆 CIP 数据核字（2024）第 072820 号

**身临其境——校园心理情景剧故事**
SHENLINQIJING —— XIAOYUAN XINLI QINGJINGJU GUSHI

主　　编：朱　炜
出版发行：上海交通大学出版社　　　　地　　址：上海市番禺路 951 号
邮政编码：200030　　　　　　　　　　电　　话：021-64071208
印　　制：上海颛辉印刷厂有限公司　　经　　销：全国新华书店
开　　本：710mm×1000mm　1/16　　　印　　张：11.5
字　　数：162 千字
版　　次：2024 年 7 月第 1 版　　　　　印　　次：2024 年 7 月第 1 次印刷
书　　号：ISBN 978-7-313-30561-9
定　　价：45.00 元

# 前　言

当你翻开本书时，生活便向你展开。在这一个个故事中，你可以看到身边的你、我、他，那一个个熟悉的身影，那一幕幕生活的篇章。你可以从中感受每一种内心深处的情绪体验，时而欢愉，时而紧张，时而伤感，时而无奈……正是因为情绪情感的存在，你我的内心才变得丰富多彩，心灵花园如四季般总有鲜花烂漫绽放时。在这个花园里，春是希望和生机的象征，夏是热情和活力的代表，秋是收获和思考的时刻，冬则是积淀和提升的阶段。

本书分为三个部分，跟随着我们成长的脚步，记录着生活中的喜怒哀乐。每一个章节都由六个故事组成，每一个故事分成三幕剧，解读着情绪是什么，为什么产生，有何影响以及应该如何应对。"心钥匙"以关键词的形式简单概述了每个故事的主题内容；"聚光灯"开启了每个故事的缘由；"亮相台"记录着每个人物的个性图谱；"小剧场"演绎着生活中的生动故事；"加油站"介绍了管理情绪的小技巧、好方法；"游戏吧"则邀请你进入互动娱乐环节。从简单情绪的邂逅到复杂情绪的发生，从积极情绪的释义到消极情绪的理解，你可以从情绪的天空中感受到那份晴朗或是阴霾。无论是艳阳天还是阴雨日，故事的主人公都在识别、理解、表达、调节情绪的过程中悦纳自我，逐渐成为情绪的主人。

一人一故事、一人一剧场，这里的每一个故事都采用校园心理情景剧的形式，通过情景化的表述呈现主人公的内心冲突等问题，有"社死"之后怎么办、防内卷指南等等。为了增加阅读的体验感，每个故事都增加了互动环节，诸如粘纸贴一贴、彩笔涂一涂、温度计量一量等，你可以在参与游戏中身临其境、沉浸其中。同时，故事中融入了对白、替身、独白、雕塑、镜像、角色互换等心理剧技术，笔者尝试着运用这些技术带领读者更形象、更深入地探索心灵的每一方天地。下面对这些技术做一些简单的介绍。

对白：在校园心理情景剧中，角色间的对白贯穿整个表演过程。故事中大量运用了人物的对白推动着情节的发展。

替身：替身是指一个或多个辅角站在主角身后并与其同台表演，或者替主角说话，因此被称为主角的另一个自我。《Emo 的夜晚》《学做我自己》等都使用了这一技术。

独白：独白是主角表达内心的所思所想。通过这一技术，非语言行为表达的情绪和感受可以直接表达出来。有时，主角可以通过这一过程再次反省和思考自身可能存在的不合理信念。你可以在《孤独的星球》中对这一技术的运用有所了解。

雕塑：雕塑要求人物像雕塑一样摆出一些姿势，通过身体语言来外化他们的情感、想法，或利用空间距离来表示人与人之间的距离。在《夏洛特之丧》中你可以感受到这一技术。

镜像：镜像是指让辅角通过模仿主角的手势、姿势、表演中的语言来反映主角的状态。在《愤怒观测镜》中，"镜镜"的虚拟角色发挥了类似的功能。

角色互换：角色互换是指主角和其他角色互换身份，主要目的是使主角从原有身份中抽离，帮助其站在他人的角度公正客观地看待自己的情绪和行为反应。你可以在《怒火，消失吧！》中练一练这一技术。

心理剧的技术还有空椅、束绳、未来投射等，在此不一一枚举。希望你在读一读（故事）、演一演（剧本）、玩一玩（游戏）、练一练（方法）、议一议（观点）、想一想（思考）中学会一点情绪管理的技巧，增添一抹生活的乐趣，解决一些成长中的烦恼。

对于每个故事的主题来说，笔者虽多以一个情绪命名，但生活中的情绪纷繁复杂，因此鲜有一种情绪"独来独往"，愤怒常常伴着委屈、悲伤等，孤独往往带有失落、焦虑等，悲喜交集、喜极而泣……情绪天空的变幻莫测也正符合青少年的心理特点，所以，你如若能够适时地觉察自己和他人的情绪，合理地表达情绪，积极地管理情绪，必将助力于自身的身心健康成长。

为了使每个人物形象更鲜活，本书为故事的某些场景绘制了插画，这些人物是不是和你想象中的一样呢？在阅读的过程中，你既可以是主角，也可以是编导，你可以身临其境地成为你想要的模样，驰骋其中，放飞心灵。

最后介绍一下本书的参编者。这是一群热衷于儿童青少年教育的一线心理老师，每一个故事都来源于他们身边的平常事，每一份感悟都来自他们内心的真心话。这些故事可以让你更好地看见情绪，帮助你了解自己、理解他人。虽然每个故事都是普通而平凡的，但是值得我们去品味和思考。

# 目　录

# 下 篇

# 上 篇

　　从垂髫孩童到青葱少年，情绪一直陪伴我们左右。当我们成为少年郎时，会经历哪些喜怒哀乐？让我们追随小伙伴的故事，去认识、去体验、去发现……

# 快乐，有约束！

## ✏ 心钥匙

话度快乐；人际交往；角色交换

## 🔍 聚光灯

大家好，我是乐乐，是一名普普通通的小学生。其实，我一直有个小秘密，没有告诉过别人。在我的身边，一直有一个快乐的小精灵，它叫皮皮。每当我无聊的时候，它会告诉我去做些什么，给我带来快乐。我们一直玩得很开心。今天的美术课，我们要用彩泥捏小人，皮皮又在我耳边说悄悄话……

以上是乐乐的内心独白，接下来他的故事会是怎样的呢？我们跟随着他一起往下看吧。

😊 **想一想**

你快乐吗？你在生活中会如何让自己快乐呢？

## 🎭 亮相台

乐乐：故事主人公，一个活泼开朗的小学男生。他喜欢交朋友，课间，他总是乐于和大家一起玩耍。

皮皮：只存在于乐乐心里的快乐小精灵，顽皮可爱，以让乐乐每天都快快乐乐的为目标，总在乐乐身边帮他出谋划策。

小鹏：乐乐的同班男同学，为人善良，性格内敛，平时话不多，但同学们都觉得他人不错。

小优：乐乐的同班女同学，是班级里的小干部，性格热情如火。她总是乐于帮助他人解决困难，她的热心与善良赢得了同学们的喜爱与尊敬。

## 🏛 小剧场

## 第一幕
### （美术课上，教室里）

【旁白：美术课上，乐乐、小鹏、小优他们正在一起用彩泥捏小人，乐乐玩得正开心……】

乐乐：彩泥捏小人，简单！我分分钟就能捏一个。

小鹏：乐乐，你的小人身子用什么颜色呀？

乐乐：土黄色吧，这块彩泥都先给我，多了我再放回去。

小鹏：行，你可给我们留点啊！

【旁白：不一会儿，乐乐的小人捏完了，他感觉有些无聊……】

乐乐：哎，作品完成了，真是简单！小鹏他们还没捏完，我再动手捏点啥呢？

皮皮：乐乐，乐乐！

乐乐：呀！皮皮你又来陪我玩啦！今天我们捏彩泥，你看我的小人做得怎么样？

皮皮：嘿嘿，玩小人容易，玩大人可难。乐乐，你要不要试试有挑战的游戏呀？

乐乐：哦，什么游戏？我正无聊呢，快说快说！

皮皮：你一会儿把这块土黄色的彩泥还给小鹏，就悄悄地放在他的椅子上，可不能提前告诉他哦！

乐乐：这有什么难的，你看好吧！

【旁白：乐乐趁着小鹏站起来拿彩泥的时候，眼疾手快，唰地一下，就把彩泥块放在了小鹏的椅子中间。小鹏丝毫没有察觉，还一屁股坐了下去。】

小鹏：哎哟，什么东西？

皮皮：哈哈哈哈，快看快看，小鹏的裤子上沾了什么？

乐乐：哈哈哈，好像沾了屎，真好笑，哈哈哈！

小鹏：怎么会？呜呜……

小优：乐乐，你怎么欺负人，是不是你把彩泥放在小鹏椅子上的？

皮皮：（吐舌头）。

乐乐：哈哈哈哈（吐舌头）。

 涂一涂

你觉得乐乐现在有多开心？

1个=微微开心

2个=开心

3个=很开心

4个=非常开心

# 第二幕

（晚上，家里/梦中的教室里）

【旁白：晚上乐乐躺在床上，渐渐进入了梦乡。他发现自己又回到了熟悉的教室、熟悉的课堂。】

乐乐：我这是在干什么？

小优：乐乐，我们一起捏小人吧？

皮皮：我们一起玩吧！

乐乐：皮皮，我可以和你一起玩啦，太好了！

【旁白：他们一起用彩泥捏起小人来。】

乐乐：我要那块彩泥。

【旁白：皮皮趁着乐乐站起来拿彩泥的时候，眼疾手快，唰地一下，就把彩泥块放在了乐乐的椅子中间。】

乐乐：等等，我怎么感觉这场景这么熟悉呢？哎哟，什么东西？

皮皮：哈哈哈哈，快看快看，乐乐的裤子上好像沾了屎，真好笑，哈哈哈！

小优：皮皮，你怎么欺负人，是不是你把彩泥放在乐乐椅子上的？

乐乐：皮皮，你居然这么对我，我可是你的好朋友呀！太过分了！呜呜呜……

☺ 想一想

你觉得乐乐此时的心情是怎样的？他现在会想些什么？

## 第三幕

（晚上，家里）

【旁白：乐乐一下子从梦里醒来。】

乐乐：这个梦好真实啊，我原以为就是朋友之间开个玩笑，闹着玩的，现在才感受到小鹏当时有多难过。我之前不应该这么对他。

【旁白：乐乐找到皮皮，和皮皮面对面坐下，把梦中的感受和想法和皮皮进行了分享。】

皮皮：乐乐，我今天可又给你出了主意，是不是很开心、很快乐呀？

乐乐：皮皮，我发现我们好像做错了！

皮皮：错？哪儿错了？白天你不也笑得很开心吗？

乐乐：但现在我感觉，追求这样的快乐是不对的。

皮皮：让自己快乐还有什么错吗？难不成让自己无聊才是对的？

乐乐：不对不对，我们是应该追求生活中的快乐，但是，快乐应该是有尺度的。我和小鹏是朋友，但好朋友之间开玩笑也要有个度，我不能把自己的快乐建立在他的不快乐上。皮皮，我刚刚梦到你拿我开玩笑，这让我一点都不快乐，这样的主意以后我可不会再听你的了。

皮皮：那下次，我该给你出些什么主意呢？

……

### 🕮 加油站

#### 快乐的一些合理方式

（1）发呆。

科学家研究发现，每天适当地发会儿呆可以将焦虑和抑郁降低25％，还能帮助我们集中精力，排除杂念。

（2）亲近大自然。

走进大自然，在欢笑中、在观察中、在触摸中，寻找美的踪迹，感受大自然的魅力。

（3）夸夸自己。

正能量满满的心态，能让我们的美梦成真。

（4）吃点好吃的。

美食可以促进身体产生多巴胺和血清素等神经递质，让人感到快乐和愉悦。

（5）适度运动。

运动能减少消极情绪，缓解紧张和焦虑，还能让自己思维清晰，提高学习效率。

（6）帮助周围的人。

对他人的帮助会带给自己成功的喜悦，还能收获友谊。

······

## 游戏吧

快乐是一棵大树，树上可以有很多果子，每一颗果子都代表一种快乐的方法。请你试着写一写你的快乐方法，然后贴一贴，看看你能收获几颗果子。记得不要收获没有尺度的快乐结出来的坏果子哦！

（上海市杨浦区打虎山路第一小学　刘羿歆）

# 害怕，有办法！

🔑 **心钥匙**

认识害怕；接纳害怕；放松练习

🔦 **聚光灯**

大家好，我是欣欣，是一名普普通通的小学生。最近我遇到个大烦恼，特别害怕默写。你们知道吗？不管我在家默写了几遍语文和英语词语，第二天到学校默写时，至少错一半。我现在在学校一想到默写就害怕，甚至会肚子疼。我好想克服这种害怕，像同学们一样，把词语牢牢记在脑子里。小伙伴们，你们能帮帮我吗？

以上是欣欣的内心独白，接下来她的故事会是怎样的呢？我们跟随着她一起往下看吧。

😊 **想一想**

生活中什么事情会让你感到害怕？你害怕的时候会做些什么？说些什么？

🎭 **亮相台**

欣欣：故事主人公，一年级女生，性格内向。因为找不到适合自己的记忆法，因此一直在为语文和英语默写而烦恼。

聪聪：一名一年级男生，自信阳光，擅长逻辑推理，喜欢看书，知识面广，有着过目不忘的本领。

风风：一名一年级男生，喜欢凑热闹，有点懒散，爱耍小聪明。

青青：一名一年级女生，欣欣的好朋友。

美美：一名一年级女生，学习成绩较好。

蛋蛋：一名一年级男生，学习能力一般，喜欢嘲笑欣欣。

老师：欣欣的音乐老师，有耐心，亲和力强，具有一定的心理学专业知识背景。

欣欣妈妈：一名普通的公司职员，温柔恬静。

## 🏛 小剧场

# 序　幕
## （家里）

【旁白：欣欣是个活泼开朗的小女孩儿。她爱笑，喜欢唱歌，很讨人喜欢。可是进入小学后她却越来越不开心了。因为她记不住语文词语和英语单词，并且越来越害怕默写。一年级下半学期开学一周后，班主任给欣欣妈妈打了个电话。】

妈妈："喂，王老师，您好！"

老师（画外音）："欣欣妈妈，您好！今天我给您打这个电话，是想再次和您沟通一下孩子的学习情况。孩子最近在学校一遇到默写就肚子疼，看起来是真的很疼。"

妈妈："我们每天在家真的都很努力地陪她一起背诵、默写，但她还是越来越害怕默写。"

老师（画外音）："我也知道你们尽力了，所以我想建议你们带孩子去专业机构检测一下，寻找一些解决方法。其实，你们家长只有正视孩子的情况，才能给予孩子真正的帮助。"

妈妈："谢谢老师的建议，我们会好好商量的。给老师添麻烦了！"

【旁白：妈妈挂了电话，静静地坐在房间里。房门外，一个小小的身影看着妈妈无助的背影。】

## 第一幕

聪聪：欣欣，怎么无精打采的？昨天又默写到很晚吗？

欣欣：嗯。我每次都在家很认真地默写，可是第二天到学校默写还是会错很多。我现在一想到默写就感到很害怕，一害怕我就肚子疼。哎呀呀，我的肚子又疼了。

青青：欣欣，你放松一点。我妈妈说，越是害怕就越是要找方法克服它。你先跟着我做深呼吸，吸气……呼气……吸气……呼气……现在肚子感觉怎么样？

欣欣：好像没那么疼了。

青青：欣欣真棒！害怕默写，是因为你复习了还是默写不出。看来得想想怎么复习才能记住。

欣欣：聪聪，你每次默写都是全对，你是怎么记住的呀？教教我好吗？

聪聪：很容易的呀，我只要每天看三遍要默写的词语，就能默写出来啦！

欣欣：每天看三遍吗？我知道了。

青青：什么？欣欣，你可别被他骗了，看三遍就能默写全对？不可能吧！

欣欣：青青，你是怎么做到的呀？

青青：嗯……我呀，抄写呀！每天把要默写的词语抄写两遍，然后基本就能记住了。

欣欣：是这样呀……

美美：你们在聊什么呀？

欣欣：美美，你是怎么记住每天要默写的词语和单词的呀？

美美：我就是按照老师的要求做的呀！每天抄写一遍，然后默写一遍，把错掉的再抄写四遍，然后再默写，一直做到没有错误为止！

风风：那你这样每天岂不是要很晚才能睡觉？

美美：不会呀，我每天晚上 8 点准时上床休息。

欣欣：风风，你呢？

风风：我？我保护好我的视力就行啦！（朝同桌瞟了一眼）

欣欣：每天看三遍，然后抄写，默写，再抄写，再默写……

## 第二幕

（一个星期后的课间）

【旁白：欣欣望着默写本上 5 个鲜红的叉号，非常懊恼。】

欣欣：哎，风风、美美、聪聪、青青的方法我都试过了，可是，为什么昨天在家里我明明默写得好好的，今天就忘记大半了呢？真笨！笨死了！哎呀呀，我肚子又疼了。深呼吸……深呼吸……

【旁白：丁零零……上课铃响了，这是一节音乐课。】

老师：谁能来把上节课学的谱子唱一遍？欣欣！

蛋蛋：老师，你就别让欣欣唱了。她每天词语默写和英语单词默写都错好多，她记不住的。

老师：欣欣，你想试试吗？

（欣欣默默地低着头）

青青：老师，我来吧！15671234512345671……后面忘记了。

老师：没关系，请坐。还有谁愿意来挑战吗？

蛋蛋：老师，让聪聪试试吧，他肯定能记住！

老师：聪聪愿意试试吗？

聪聪：老师，我记不住全部的谱子。

蛋蛋：老师，聪聪都记不住，我们肯定记不住的啦！

【旁白：就在此时，一只小手犹犹豫豫地举了起来。】

欣欣：老师，我想试试。

蛋蛋：什么!?

老师：开始吧！

欣欣（一边挥舞着手臂，一边唱着）：do so la si do re mi fa so do re mi fa so la si do do si la so fa mi re do do si la so fa mi re……

老师：完全正确！欣欣你真厉害！（其他同学惊讶得嘴巴都变成了 O 型）

## 第三幕

（下课铃响）

青青：欣欣，你真是太厉害了！全班其他同学都不能记住的谱子，你居然记得那么熟练。快说说，有什么秘诀吗？

欣欣：我也不知道啊！记得我在学习的时候，是一边挥手一边唱的。一边挥手一边唱，当手挥到这里，我就自然想起唱什么谱子，就这样完整地唱下来了。

美美：欣欣你真厉害，那么难的谱子，隔了一周居然还能记住。你再说自己记忆力不好，连我都不相信了。

聪聪：欣欣，要不你试试看边唱边挥舞着手默写词语？或许这样你也能记住呢！

青青：对！欣欣，你试试。

欣欣：对呀！我怎么没想到呢？

（放学回家路上）

青青：欣欣，今天默写你错了几个呀？

欣欣：我今天只错了一个哦！

蛋蛋：真没想到，你的这个唱歌书写记忆法这么灵！只可惜这个办法好像只有你用效果才那么好，我一唱，感觉把记得的单词也忘记了。

欣欣：蛋蛋，现在我才发现，我们每个人记忆的方法是不完全一样的。我试过大家的方法，但没什么效果，还是需要找到适合自己的记忆方法。我能找到，你也一定可以找到的！

青青：欣欣，你的肚子好像不怎么疼了呢！

欣欣：是呀！自从我找到记忆词语的好方法后，我就不再害怕默写了。肚子真的不怎么疼了！原来，只要找到解决困难的方法，"害怕"就不会再来找我了！

## 加油站
### 面对害怕的一些合理方法

（1）转移注意力。

当你被害怕困扰时，不妨通过各种方式转移自己的注意力，比如摆弄自己熟悉的小物件。熟悉的东西会给你亲切感和安全感。另外，可以做一些自己平时喜欢做的事，如通过听音乐、打篮球、散步、唱歌等方式来调节自己的情绪，缓解害怕的心理。

（2）深呼吸。

深呼吸是最常见的解压方式。呼吸时腹部收缩，胸部不动，而且吸气吐气时要缓慢。在准备吸气和吐气之前停顿一下，每次停顿时要清空大脑，吐气时像要把所有的情绪都吐出身体一样，吸气时要暗示自己吸收的是更多的正能量。

（3）巧用心理暗示。

心理暗示具有巨大的力量，积极的心理暗示会增加人的自信，让人变得勇敢。当你面对困境时暗暗给自己打气，给自己加油，这样的方法会让人变得更加自信勇敢。

（4）博览群书。

未知产生害怕，知识消除害怕。很多人小时候都害怕打雷，害怕大人口中的鬼怪，可当我们上学之后，知道了打雷的原理，知道了鬼怪只是吓唬我们的，也就不再害怕了。

## 游戏吧

生活中，我们会遇到哪些"小害怕"？你能把它们写出来吗？在这些小困难中，哪些你已经想到战胜它们的方法了？请贴上笑脸。

我的小害怕

我的小害怕

我的小害怕

我的小害怕

（上海市杨浦区控江二村小学　褚雯黎）

# 怒火，消失吧！

## 心钥匙

沉着冷静；人际交往；换位思考

## 聚光灯

大家好，我叫强强。今年暑假后我就成为五年级的学生了。我为人坦诚、乐于助人，但有时遇到事情容易发脾气，发完脾气后我又会后悔，到了下一次我还是会犯老毛病。悄悄地告诉你，每次生气时，我身体里的两个精灵朋友怒怒和静静就会及时出现。不过，好像怒怒更了解我，每次都会帮着我。看吧，今天下课我又和同桌吵了起来。

强强今天又为什么事情争吵呢？我们一起来看看吧。

## 亮相台

强强：故事主人公，他性格大大咧咧，为人坦诚、率真，遇事易冲动，情绪易失控，爱发脾气。

小乐：强强的同学，性格内向，不太善于表达，缺乏自信，为人谦虚诚恳。

顾佳：强强的同学，一个阳光般的女孩，乐于助人，遇事能冷静思考解决方法，正直大方，是班级中的"小老师"。

张老师：强强的老师。

怒怒：强强身体中易怒的情绪小精灵。

静静：强强身体中冷静的情绪小精灵。

### 🏛 小剧场

## 第一幕

（舞台上，强强和小乐站在教室课桌前）

【旁白：强强是一个性格急躁的男孩，经常在班级中和同学发生各种矛盾。下课后，强强上完厕所回来发现自己放在桌上的铅笔不见了，转头看见小乐的白板里有一支完全相同的笔，强强顿时火冒三丈!】

强强：你为什么偷我的铅笔？我明明放在桌子上的!

小乐：我没有偷你的铅笔，你别冤枉我!

强强：没拿？（强强拿出小乐台板里的笔）这是什么？

小乐：这……这……我……我没有偷！你胡说!

强强：证据都在这里，你还要狡辩。

【旁白：怒怒出现在强强的身边。】

怒怒：他明明偷拿了你的铅笔，你怎么能让他这样对你呢？燃烧你的怒火吧!

强强（暴跳如雷，重重地拍了下桌子）：偷我的笔还死不承认，你太过分了!

【旁白：静静悄悄地飞到强强身边。】

静静：强强，快冷静下来。

怒怒：他拿了你的笔还不承认，冷静不了，绝不容忍!

强强：对，我绝不容忍!

【旁白：说完强强的拳头攥得更紧了，看上去要对小乐开始发起猛烈的攻势，小乐也吓得开始结结巴巴。】

小乐：我……我没有，不是，不是这样的。

选一选

请你感受一下强强的情绪，勾选出对应的选项。

情绪稳定☐　　　　有点生气☐　　　　非常生气☐

## 第二幕

（强强跺着脚，来到了小花园）

静静：我们先平静下来好吗？

强强（犹豫地）：可是他经常拿我的东西，我真的很生气。

静静：你现在的怒火不仅会伤到同学，还会伤到你自己！跟着我深呼吸!

强强做了几次深呼吸练习。

静静:强强,还记得上周你拿了顾佳的油画棒,顾佳是怎么做的吗?

强强:(回忆中)。

张老师:强强,学雷锋的小报尽快完成,张贴到后面的黑板上。

强强:好的,张老师,保证中午完成。

【旁白:中午休息,强强后座的同学顾佳到学校走廊做值日生,强强的小报就剩涂色没有完成,翻找半天发现自己没有带油画棒。转头一看,顾佳桌上正好摆着一盒油画棒。】

强强(自言自语):她不在教室,我先用着,等她回来再告诉她也不迟。

顾佳(回到教室,发现桌上打开的油画棒盒子):请问是谁用过我的油画棒?

强强(回头不好意思地笑了笑):是我,刚才你不在,我急着用所以就(摸了摸后脑勺),这个……对不起哈!

顾佳:看在你急着做班级海报的份上,我原谅你了。

顾佳(边说边坐下,把声音放轻,小声地对强强说):以后没有经过别人同意,不能随便拿别人的东西哦!

强强(满脸通红地不停点头):嗯!

静静(把小强的思绪拉了回来):强强,这次你也换位思考下,或许小乐有什么原因呢?

【旁白:强强冷静了下来,回到教室看到小乐一个人坐在教室的图书角,于是在它旁边坐了下来。】

强强:小乐,我想和你谈一谈。我们可以换位思考一下吗?

小乐(疑惑地):换位思考是什么意思?

静静:换位思考就是针对某一件事,你们互相换一下角色,体会对方的感受和想法。让我用魔法帮你们进入刚才的事件换位体验吧！

小乐（思索片刻）：好吧，我们试试。

静静（挥动魔法棒）：呼啦啦！

【旁白：他们同时闭上眼睛，想象如果我是对方会有什么感受。】

强强（睁开眼睛）：小乐，今天我对你那么凶，还说你偷东西，你一定很难受吧？

小乐：没经过你同意拿了你的笔，还不承认，是我错了，我要是你也会生气的。

强强：没事没事！现在我明白是你的笔芯没墨了，想借用一下就还给我的，是我太心急了。

小乐：我应该等你回来，先和你说一下，相信你一定会借给我的。我们还是好朋友吧？

强强：那是当然，我们是好朋友呀！

强强、乐乐（都笑了）：哈哈！

---

😊 画一画

强强此刻的心情是怎样的呢？选择合适的颜色和图形画一画吧！

## 第三幕

（张老师走进教室）

张老师：怎么了，你们两个？

强强：张老师，我们刚才出现了一些问题，但现在找到了解决的方法。

小乐：我们以后会更好地沟通，互相尊重。

张老师：很好，我很高兴看到你们能够自己解决问题。人与人之间的沟通非常重要，需要学会换位思考。

（怒怒和静静飞到强强的肩膀上）

怒怒：我以为你会一直生气下去，没想到这么快你就能让怒火消失。

静静：强强学会了冷静和换位思考，所以他们解决了问题。

强强：谢谢你们，怒怒和静静！从现在开始，我要学会控制自己的情绪，与别人友好相处。

（舞台渐暗）

【旁白：通过静静的帮助，强强学会了冷静和换位思考，他们的友谊也更深厚了。】

### 加油站

**缓解生气的小妙招**

当你感到很生气时，可以尝试以下方法来缓解情绪。

（1）换位思考。

角色互换，想一想如果我是对方会怎么做。

（2）让自己冷静下来。

不急着辩解或争论，先去倒杯水，喝上一口静下心来，慢慢想出解决问题的方法。

（3）思考自己的问题所在。

发现自己的问题，能面对自己的问题才能真正地解决问题。

（4）友好地沟通。

找个合适的时间和温馨安静的环境，与对方进行真诚的沟通。

（5）心平气和地表达自己的想法。

在和对方解释或表达自己想法时，要注意语气和语调。

（6）想想对方的好。

想想对方做事的出发点和平时对自己的好，帮助自己调整情绪。

### 游戏吧

生气是每个人都会遇到的，写一件最让你感到生气的事情。现在的你有什么好的解决方法，把你的好方法贴在绿色叶子上，并和小伙伴一起分享。

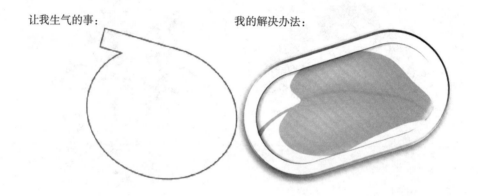

让我生气的事：　　　　　　　　　　我的解决办法：

（上海市杨浦区杨浦小学　管霁）

# 讨厌，新发现！

## 心钥匙

走出讨厌；家庭教育；认知转变

## 聚光灯

嘿！你们看着我干什么？我叫光宗，是浩成小学四年级的学生。一开始我挺喜欢自己的名字，现在真是讨厌极了！自从弟弟出生后，大家都不关心我了：我想要爸爸陪我玩机器人，他说要给弟弟修玩具；我想和妈妈一起睡觉，她说要哄弟弟入睡；我想吃奶奶烧的罗宋汤，她却说弟弟吃不了……凭什么大家都喜欢他？我讨厌喜欢弟弟的所有人！

这就是我们和光宗的第一次会面，接下来，他的故事又会有怎样的变化呢？让我们继续走近他吧！

> **😊 想一想**
>
> 你有兄弟姐妹吗？他们是怎么样的？
>
> 如果没有，你心中的兄弟姐妹长什么样呢？能不能画一画？

## 亮相台

光宗：浩成小学二年级男生，原本性格开朗，非常受欢迎，但这个学期光宗总是闷闷不乐。他发现家人只关注弟弟，感觉自己不被家人爱了。

光宗弟弟：刚满一岁。

光宗妈妈：温柔娴静，生了"二宝"后重心偏向了弟弟，一直在家照料二宝。

光宗爸爸：一名公司白领，平时工作比较忙。

光宗奶奶：很疼爱两个孙子。

王老师：浩成小学的一名心理老师，发现了光宗的情绪问题。

小精灵飞飞：一款智能的心灵小助手，帮助光宗回忆过往，带他找到新发现。

## 小剧场

## 第一幕

【旁白：新学期开学前，一个炎热的午后，光宗刚上完兴趣课回到家，准备躺在沙发上盘算一下自己第二天的生日出行大计，没想到……】

妈妈：光宗——光宗——

光宗：怎么了，妈妈？

妈妈：光宗，快帮我拿一下手机，你弟弟会走路啦！

光宗：妈妈，明天是我生日，我想去迪士尼……

【旁白：妈妈接过手机，对着弟弟就是一顿连拍，拍完还挑选了几张照片，编辑了文字，准备朋友圈、小红书、抖音、微博全部发一遍，记录弟弟的成长。】

妈妈：光宗，这张好看，还是这张好看呀？

【旁白：光宗听到妈妈的话，没有理睬，回到自己的房间，嘭地一声把门关上。】

（晚上，爸爸回来了。）

光宗：爸爸！你回来了！你能陪我玩会儿机器人吗？明天我生

日，我有一个计划……

爸爸：可以呀，你说说看。

光宗：我想去迪士尼！去坐杰克船长的海盗船，和他一起去寻找宝藏！还要去玩具总动员玩冲天抱抱龙！爸爸，你看，我的线路攻略已经做好了！晚上回家后还想喝奶奶做的罗宋汤！

爸爸：好好好！但是弟弟也得跟着一起去，你少安排些太刺激的项目，弟弟不能玩。

光宗：啊？就不能不带他吗？

爸爸：他是你弟弟，我们是一家人。

【旁白：光宗低下头，没有说话。】

爸爸：你妈妈也很辛苦，照顾弟弟不容易，你要多体谅她。

爸爸：好了，现在爸爸陪你玩一会儿机器人大战，但是只能陪你玩一局哦，等下还要帮你弟弟修玩具车。

【旁白：晚上，光宗越想越生气，越想越委屈。自从弟弟出生以来，爸爸妈妈就都去陪弟弟了，自己被忘在一边，什么事情都要让着弟弟。他越想越难过，一边哭一边把生日计划撕碎，然后打开日记本，写下的第一句话就是：我讨厌弟弟！】

## 第二幕

【旁白：第二天光宗起了个大早，一家人一同前往迪士尼，开启了生日游玩计划。他们站在大门口先拍了一张合影，接着按照光宗的计划一路游玩，直到……】

光宗：妈妈，我要去玩极速光轮！

妈妈：这个项目弟弟不能玩，你和爸爸去好吗？妈妈和弟弟在出口等你们。

【旁白：然而，当爸爸和光宗从出口走出来时，爸爸接到了妈妈的电话，说弟弟太累了，吵着闹着想回家。正好到了午餐时间，就先带着弟弟去了餐厅。于是，光宗只好跟着爸爸一起去了餐厅。】

光宗：妈妈！我下午还想玩漂流！

妈妈：可以啊，今天是你生日，想怎么玩就怎么玩，下午和爸爸好好玩个遍。

光宗：啊……你又要照顾弟弟，我也想你陪我玩。

爸爸：没事，有爸爸陪你玩。弟弟还小，比你更需要妈妈。

光宗：我早说了我讨厌弟弟！每次都要让着他！凭什么呀？

爸爸：好了好了，先吃饭吧，下午你想玩什么就玩什么……

【旁白：一家人心照不宣地吃完了午餐，下午光宗跟着爸爸玩了几个项目，看着其他孩子都一手牵着妈妈，一手牵着爸爸，光宗的心里很

不是滋味。他想，这些都是弟弟造成的！】

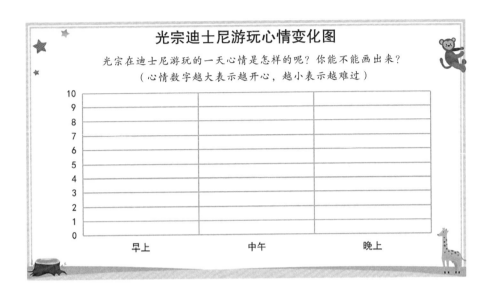

## 第三幕

【旁白：从迪士尼回来后，光宗一直闷闷不乐的，就连奶奶原先答应他的罗宋汤也没能喝上。之后，光宗好似变了一个人，在学校里和老师顶嘴，和同学频繁闹矛盾，学习成绩更是一落千丈。在家里时，光宗对待爸爸妈妈的态度也是不耐烦，常常自己一个人在房间里，即使奶奶叫他也不理睬……班主任老师看到光宗这样的情况非常着急，请了学校心理老师王老师来帮忙。】

王老师：最近你的心情不是很好，发生了什么事呢？能和老师说说吗？

光宗：我家里人好像都只喜欢弟弟……就连我过生日那天都围着弟弟转，我讨厌弟弟，讨厌家里所有人！

王老师：我很理解你的心情，有什么办法能让我们回去看看那时候到底发生了什么吗？

小精灵飞飞：我能！

光宗：是谁在说话？

小精灵飞飞：我是小精灵飞飞，拥有穿梭时空的本领，可以带你了解你想知道的一切……

光宗：啊？喂！这是什么啊？

【旁白：光宗被拉入时空旋涡，时间回到生日前一晚光宗睡下后。】

爸爸：孩子他妈，光宗很期待这次生日活动，我带着他玩迪士尼项目，你带着弟弟多休息，别太累了。

妈妈：光宗也希望我多陪他玩玩，尽量满足他的要求吧，弟弟可以坐在推车里。

光宗：原来爸爸妈妈一直关心着我的想法……

小精灵飞飞：还有呢！

【旁白：生日当天，弟弟累了吵着闹着要回家。】

妈妈：弟弟不可以这样哦，今天是哥哥的生日，现在回家还太早了。

爸爸：是的。不可以任性，乱发脾气。

光宗：我想起来了，弟弟要回家，爸爸妈妈也没有答应……

小精灵飞飞：再看看这个。

光宗：奶奶！她怎么了？！（看到奶奶躺在沙发上，脸色不太好）

小精灵飞飞：那两天降温，奶奶感冒啦！

光宗：原来是这样……我才没喝上罗宋汤。

王老师：光宗，爸爸妈妈在你生日当天带你去了迪士尼，一点没有犹豫。为了让你玩得开心，他们轮流照顾弟弟。那天弟弟吵着要回家，爸爸妈妈也没有同意，不是吗？奶奶也是因为生病，才没能给你做罗宋汤……

光宗：是啊，爸爸妈妈和奶奶其实都很爱我……其实有弟弟也没有那么坏，我也挺喜欢和他玩的……

### 📷 加油站

#### 给"讨厌"找对手

（1）和它保持距离，先稳定情绪，如深呼吸、蝴蝶拍等。

（2）转移注意力（如听音乐、唱歌、看动画片等），过会儿再想那些令你讨厌的事情。

（3）换个角度想一想：这件事情，这个人，真的有那么讨厌吗？

（4）向家人、朋友、老师倾诉。

（5）保持乐观，遇到讨厌不害怕⋯⋯

### 🎮 游戏吧

剧中的光宗讨厌自己的弟弟，你有讨厌的事情或人吗？

写写画画：如果现在你遇到了这件事情，你会怎么做呢？

| 遇到过的讨厌的事物/人 |
| :---: |
|  |
| 你是怎么解决的？ |
|  |

（上海市杨浦区齐齐哈尔路第一小学　薛笑圆

上海市第二师范学校附属小学杨浦北校　朱密华）

# 失望，快走开！

## 🖌 心钥匙

亲子关系；换位思考；缓解失望情绪

## 🔦 聚光灯

😊 **想一想**

你有过失望的经历吗？

你失望时会怎么做呢？

大家好，我叫望望，是一名普普通通的小学生。最近一周我都感到非常兴奋，因为明天就是我的生日，我好期待呀！今晚我要早点睡觉，希望早上起床可以第一时间看到爸爸妈妈和香喷喷的大蛋糕以及一大盒奥特曼闪卡……

以上是望望的内心独白，接下来他的故事会是怎样的呢？我们跟随着他一起往下看吧！

## 📖 亮相台

望望：一名小学三年级学生，希望在生日当天可以得到家人的陪伴、想要的礼物和好吃的蛋糕，平日里也能得到家人的关注和爱。

施施：望望内心的"小精灵"，能第一时间发现事物发展过程中消极的一面，并关注他人身上的不足和让自己感到不满意的行为。

希希：望望内心的"小精灵"，能第一时间发现事物发展过程中积极的一面，并关注他人身上的优点以及对自己的爱和付出。

望望妈妈：不擅长制作甜品，但会为了达成孩子的心愿去努力学习。

望望爸爸：平日里工作比较忙，但会关注孩子的成长，把孩子的心愿放心上。

🏛 小剧场

# 第一幕

（早上起床，望望家卧室）

【旁白：第二天早晨，望望兴奋地睁开双眼，发现屋子里除了自己，什么人都没有……】

望望：爸爸妈妈竟然都不在啊！

【旁白：望望穿好衣服，起床找礼物。】

望望：唉，找遍了整个卧室，什么礼物都没有看到……（叹气）

望望：我去客厅找找看吧，说不定爸妈和礼物都在外面呢！

😊 贴一贴

望望现在会是怎样的表情？选择一张贴纸贴一贴吧。

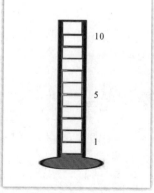

😎 涂一涂

情绪温度计上有 10 个刻度，最低为 1，代表不太强；最高为 10，代表非常强。

目前望望的失望程度有多强呢？请你涂一涂。

## 第二幕

【旁白：望望来到客厅，看到桌上的牛奶和妈妈正在忙碌的背影……】

望望：妈妈，早上好！

妈妈：望望，早上好！你自己起床了呀？（回头看望望）桌上有牛奶，你刷好牙可以先喝。

望望：哇，牛奶还是热的呢！真好喝！

妈妈：慢慢喝，小心烫哦！我刚热好的牛奶。

望望：妈妈，你在做什么呀？看起来好忙呀！

妈妈：你猜呢？我可爱的小宝贝。

【旁白：妈妈身边的桌子上摆满了鸡蛋、牛奶、面粉和水果，一个大胆的想法在他脑海中出现……】

望望（迟疑地开口）：妈妈，你不会是在做蛋糕吧？

妈妈（既肯定又温柔地说）：对啊！我正在做一个大大的草莓蛋糕……

望望（惊喜地打断正在说话的妈妈）：哇！是草莓蛋糕耶，我最喜欢的口味！

妈妈：嗯，妈妈知道你最喜欢吃草莓啦！我亲爱的"小馋猫"，生日快乐！

望望（激动地开口）：原来妈妈并没有忘记我的生日啊！

妈妈：当然不会忘记啊！你以为我忘了啊……（温柔地看着望望）

望望：嗯，起床看到你和爸爸都不在，而且什么礼物都没有，我就以为你们忘记我的生日了呀！

妈妈：怪不得刚才打招呼时，感觉你的表情和声音都有点失望的样子，原来是这个原因呀！

望望：嗯，被妈妈发现了。我今天早上起床时确实有点失望。对了，妈妈，爸爸去哪儿了呀？

妈妈：去给望望买礼物了啊！

望望：真的啊?!（惊喜地叫出声来）太好了！我的全套闪卡！

【旁白：（门铃声响的音效）这时，门铃响起，传来爸爸的声音。望望迫不及待地去开门。】

望望：欢迎爸爸回家！

爸爸：生日快乐，望望！

望望：谢谢爸爸！

爸爸（递过来一个大袋子）：望望，这是送你的生日礼物，我一大早就出去买了……

望望（迅速地打开）：太好了，太好了，我的奥特曼闪卡啊！

【旁白：望望发现袋子里装的是一盒乐高拼搭积木。】

望望：啊，不是奥特曼闪卡呀……（他摇着头、噘着嘴）

【旁白：这时，望望闻到一股刺鼻的味道。】

望望：啊！不会是蛋糕烤焦了吧？

妈妈：亲爱的望望，对不起啊，刚刚烤箱温度和时间好像设置得有些问题……

【旁白：听了妈妈的话，望望一个人坐到客厅的角落里，把头埋在胳膊里，有点儿想哭……】

**涂一涂**

现在，看着烤焦的蛋糕和不喜欢的礼物号啕大哭的望望，失望程度有多强呢？请你涂一涂。

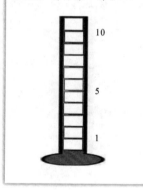

**贴一贴**

望望现在会是怎样的表情？选择一张表情贴纸贴一贴。

## 第三幕

【旁白：望望抬起头，发现妈妈看起来很难受地背对着自己，而爸爸在一旁耷拉着肩，手里拿着自己放在一旁的乐高积木盒子。这时，望望脑海中出现了"希希"和"施施"两种不同的声音。】

希希：爸爸手上的那盒乐高积木好像是上个月在迪士尼小镇上看到的那款呢！

施施：就算是吧！又不是奥特曼闪卡盲盒！

希希：这套乐高看着也蛮有趣的。想当初我可是在迪士尼小镇上看了它好几分钟呢！

施施：再有趣也不是隐藏款！盲盒里还能开出限量闪卡！爸爸一点都不知道我喜欢什么！

希希：等等，我好像记得这款积木今天才开始正式出售，老爸不会一早就去小镇排队了吧？

施施：睁开眼睛没看到老爸已经很失望了！老妈还把蛋糕给烤焦了！

希希：又不是妈妈故意烤焦蛋糕的！

施施：妈妈明明应该关注烤箱的温度和时间啊！

希希：蛋糕烤焦了确实很可惜，但是妈妈准备了那么多材料，一定很辛苦！而且这些新鲜的水果，也都是我喜欢吃的。

施施：那么多面粉、鸡蛋、牛奶和水果，妈妈真是太马虎了，准备的量都不合适！

希希：确实多了很多！等一等，剩下的材料好像可以……

【旁白：脑海中的两种声音让望望陷入思考。他看着眼前剩下的材料，想到爸爸妈妈为这次生日做准备花费的精力和时间后，对着爸爸妈妈缓缓地开了口。】

望望：妈妈，桌上还有很多食材，我和您一起重新做个蛋糕吧？您之前准备食材辛苦啦，这些水果看起来好新鲜！

妈妈：好呀，我们一起再做一个香香的、甜甜的水果蛋糕！

望望（看向爸爸）：爸爸，吃好蛋糕、许好生日愿望后，我们一起搭乐高吧！

爸爸、妈妈（异口同声）：好！

### 加油站

#### 当"失望"来"敲门"时，我们可以这样做

（1）将心比心，想想对方的感受。

他人临时失约，或答应的事未完成时，可以先听听对方的解释，看看能否谅解对方。

（2）转移注意力，做喜欢的事情。

计划突然改变，想做的事被迫取消时，可以做其他感兴趣的事，让自己从失望的情绪中抽离出来。

（3）继续努力，调整目标期望。

结果和预期不同，有差距或不理想时可以调整目标，改变计划和行动，继续努力。

（4）找一找信赖的人。

遇到失望的事情，可以找家长、老师、朋友、同学聊一聊，说出自己的感受，缓解情绪。

### 游戏吧

想一想最近生活中遇到的一件失望的事情，你当时是如何调节自己的失望情绪的？你的想法和行为有怎样的变化呢？将失望的原因和你具体的行为转变用"四格漫画"的形式画一画吧。

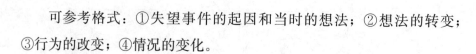

可参考格式：①失望事件的起因和当时的想法；②想法的转变；③行为的改变；④情况的变化。

|  |  |
|---|---|
| ① | ② |
| ③ | ④ |

（上海市杨浦区二联小学　章笠越）

# 伤心，飞离吧！

 心钥匙

伤心；人际交往；双重角色

聚光灯

我是小清，一个军事迷。一天，我做完作业后开始折纸飞机。正当我拿起纸飞机想要试飞时，妈妈走进房间直接没收了我的纸飞机。我伤心极了。从那以后，我开始渐渐地隐藏起自己的爱好，也消沉了不少。不久，学校的科技节开始了，我被推选为班级的代表之一参加比赛。看着比赛的纸飞机，我的脑海中出现了两种不同的声音，似乎找到了走出伤心的新力量……

想一想

有没有一些具体的事情常常让你感到伤心？

以上是小清的内心独白，接下来他的故事会是怎样的呢？我们跟随着他一起往下看吧！

亮相台

小清：一个热爱玩纸飞机的男孩，活泼健谈，是班级中的手工小达人，制作了不少纸飞机周边。

小清妈妈：一位对孩子要求比较高的母亲。

小羽：小清的同学，和小清关系较好，经常和小清一起玩耍，性格开朗，两人的兴趣爱好也很相似。

小嘉：小清的同学，和小清关系较好，是班级中的知心姐姐，乐于助人，性格温和。

老师：小清的科技老师，和孩子们关系融洽，尊重学生的兴趣爱好，非常认可小清的创造能力和动手能力。

小勇气：小清的内心想法，是小清内心中勇敢的一面，不容易被外在条件影响。

小妥协：小清的内心想法，是小清内心中胆小的一面，容易被现实限制。

## 🏛 小剧场

# 第一幕

### （科技课，教室里）

【旁白：小羽和小清在讲台上比赛折纸飞机，争取代表班级参加折纸飞机比赛。】

老师：小清，你的纸飞机造型很不错，而且飞行也很远。你真的很有天赋！这次科技节就选小清作为班级代表参加比赛吧！

小羽（拍着小清的肩膀）：嘿，小清，你折的纸飞机真棒！你一定可以为我们班赢得荣誉！

小清（微笑）：谢谢，我会尽力的！

小清（不好意思地笑）：谢谢老师和同学们。其实我一直都很喜欢折纸飞机，这次班级比赛能够得到你们的认可，我很开心。

老师（认真地看着小清）：小清，你的兴趣爱好很可贵，参加这次比赛，可以让你更深入地认识自己的潜能。

（课间，小清趴在桌子上。）

小嘉（走到小清身边）：小清，你怎么了？最近好像都不开心。

小羽：是啊，是不是要参加比赛了，所以很紧张？

小清：其实，我在考虑要不要参加比赛。

小嘉：怎么不想参加了？你之前不是最喜欢折纸飞机吗？

小清：确实很喜欢，但是我妈妈让我好好学习。要是参加比赛，肯定会花很多时间准备，而且她之前还把我折的纸飞机给撕了（哽咽）。我那天也没有在玩，她根本不理解我的心情。

小嘉：这次比赛可以为班级争取荣誉，你妈妈一定能理解的。要不你今天回去再和她好好解释一下？

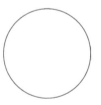 画一画

　　你觉得小清现在的表情是怎样的？请你在下面的图形中画一画他的五官。

# 第二幕

## （家中书房）

**小清**（坐在椅子上撑着头自言自语）：要怎么和妈妈说呢？到底要不要参加呢？

【旁白：小清内心出现了两种不同的声音，他也陷入了挣扎。】

**小勇气**：当然要参加啊，折纸飞机可是我的爱好，这次比赛机会很难得。

**小妥协**：可是，妈妈那么生气。要是花时间准备比赛，还会被她一直说不务正业。

> **☺ 想一想**
>
> 你更赞成小勇气还是小妥协的观点呢？请你为支持的一方说两句吧！
>
>

**小勇气**：爸爸妈妈会愿意帮助我实现愿望的，因为他们很爱我。

**小妥协**：上次纸飞机不就被撕了？难道想再来一次吗？这次要是再被撕，我可能一辈子都不想再玩这伤心的纸飞机了。

**小勇气**：被批评又怎么样，纸飞机没有了也没关系，至少我享受了折纸飞机的乐趣，体验到了快乐和成功的感觉。

**小妥协**：可是被撕掉的伤心也一直存在。

**小清**（捂住脑袋）：到底怎么办啊？

【旁白：两种声音不断争吵，小清不断思考着要不要参加比赛，每

当鼓起勇气告诉妈妈时，他总会想起那伤心的一幕。】

## 第三幕

（教室）

【旁白：下课了，小清还是没精打采地坐在位子上。】

小嘉：小清小清，我刚刚去老师办公室，你猜你看见了什么？

小清：看到了什么呀？

小嘉：我看到了一个飞机模型奖杯闪闪发光，上面还能映出我们的脸。你到时候可要记得拿回来让我好好瞧瞧。

【旁白：上课铃响起，大家回到座位，小清在位子上陷入沉思，脑海中又浮现出两种不同的声音。】

小勇气：还在考虑什么？同学们选择了我，我不能辜负他们。

小妥协：你不怕再伤心了？

小勇气：那可是飞机模型奖杯，妈妈也会为我感到高兴的！

小妥协：那可不一定是你的奖杯，其他同学可能更优秀。

小勇气：如果这次退缩了，以后每次都会退缩。机会要自己争取，伤心的事情也可以自己化解。

小清（思考片刻）：我懂了，我会参加比赛的。我要用自己的努力和勇气证明自己。折纸飞机是我的兴趣，虽然看上去很简单，但是为了折出不一样的造型，我常常会反复练习，还会不断实验，感受扔出去的角度。那时的伤心只是因为我没及时解释，妈妈误认为我在贪玩。其实，我并没有因为兴趣而耽误学习，反而是兴趣让我有了勇气，学会坚持。如果我能用实力取胜，妈妈一定也会为我感到骄傲！

## 🔲 加油站

### 帮你走出伤心五阶段的小妙招

心理学家针对伤心提出了"五阶段模型"，我们可以根据所处的不同阶段寻找相应的小妙招。

阶段一：否认

你可以寻找亲友，他人的安慰和陪伴可以让你加速走出伤心。

阶段二：愤怒

通过散心或是阅读转移自己的注意力是不错的选择。

阶段三：协商

你希望解决问题，比如用一些条件换取事情的成功。有科学家发现，在伤心时吃20颗樱桃的效果胜过药物。

阶段四：沮丧

哭泣吧，眼泪中的应激素能帮助你恢复平静。

阶段五：接受

开始适应新的现实，那就关上身后的门，前面的路更精彩。

### 游戏吧

有时候我们可能会感到伤心，让我们尝试一些有趣的方式释放负面情绪，让自己变得更快乐。现在我们一起来制作元气云朵创可贴吧！

第一格：写下你喜欢的歌名，让自己的情绪得到缓解。

第二格：贴上你喜欢的运动，如跳绳、打篮球等。

第三格：贴上让你放松的小动物。

边缘轮廓：请你观察天空中的云朵，并挑选出你认为最像自己心情的云朵形状，用彩笔勾出创可贴的外形。

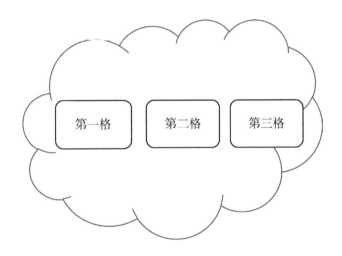

（上海师范大学附属杨浦滨江实验小学　沈捷）

# 中 篇

　　小小少年，不少烦恼。不可否认的是，我们的情绪在一天天变得丰富和细腻，在这期间又有哪些动人的故事会发生呢？来吧，一起去演绎我们自己的故事，每一颗年轻而敏于觉察的心……

# "社死"之后……

## 心钥匙

紧张情绪；接纳；放松技术；人际支持

## 聚光灯

大家好，我是小李，有件心事一直困扰着我。可能是我胆子小吧，每次老师在课堂上点名同学回答问题时，我都会紧张地低下头，不敢看老师的眼睛，心吊在嗓子眼，心里不停地祈祷别点我的名。直到老师结束提问后，我才会暗松一口气。其实，老师的提问我都能答出来。最让我"社死"的一次是，语文老师突然让我们小组的每个同学都要上台演讲一分钟，我一听到要当众演讲，心里猛地一跳，手心冒出了汗。看到其他同学上台流利地演讲时，我就更慌了。轮到我演讲时，原先准备好的稿子居然瞬间忘记了一大半，不知接下去要讲什么。听到同学们的哄笑声，我只好支支吾吾地蹦出一些词，语无伦次地说了一通。这一分钟感觉有一年那么长，我真想找个地洞钻进去。

小李这次演讲遭遇"滑铁卢"，很大程度上是因为她临场过度紧张，那么，其他同学演讲流利是因为他们一点都不紧张吗？小李有没有办法克服这个一直困扰她的"紧张"心病呢？现在就邀请你走进小剧场，看一看发生在小李身上的故事吧！

**玩一玩**

　　事先准备一包轻泥材料包，从材料包中选择一种颜色的轻泥代表小李在上述场景中的情绪和感受，将轻泥划分成十等份（见下图提示），代表1～10的情绪强度（1为最弱，10为最强）。小李当时的情绪强度有几分，你就拿取几等份的轻泥放在手中。用手中的轻泥揉捏出小李在遭遇演讲"社死"场景时的肢体语言或神态，捏出的彩泥人代表小李的紧张情绪。

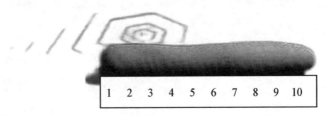

## 亮相台

　　**小李**：一名初一女生，当众发言时总是非常紧张，希望自己能克服紧张情绪，但却不知道该怎么做。

　　**小赵**：小李的同桌，性格活泼开朗，乐于助人，在帮助小李的过程中发挥了重要作用。

　　**张老师**：小李所在班级的语文老师，她在课堂上会安排学生上台演讲。

　　**刘老师**：小李所在学校的心理老师，深受学生信赖，每天都会开放心理咨询室接待学生。

彩泥人：代表小李的"紧张"情绪。

## 🏛 小剧场

## 第一幕

(星期一上午，语文课上)

【旁白：小李在班级里属于安安静静的学生，在同学们的眼中，她是一个沉默胆小的人，每次课上被点名回答问题时，她的声音总是轻得像蚊子叫，让老师也很无奈。】

小李（内心独白）：我觉得自己是个"社恐"分子，我特别羡慕那些在外人面前侃侃而谈的人，他们充满自信、落落大方，我也想这样。可是……在课堂上，我只要一听到老师要提问就会紧张，赶紧低下头，生怕被老师叫到。真没出息啊！什么时候能不这样啊？这节语文课，不知道张老师会不会又要随机点名提问。

（上课铃响，张老师拿着课本和讲义走进了教室。）

【旁白：课上到一半，张老师当堂布置了一项作业。】

张老师：同学们，接下来我将邀请一些同学，结合刚才学习的内容，说一件让自己印象深刻的事。题目可以自拟，每人上台做一分钟演讲，参加演讲的同学可以免去一次默写。

班长：老师，我来！

小赵：老师，选我！

语文课代表：我！我！

（教室里，一些同学争先恐后地举手。）

张老师（扫视了全班一眼，面带微笑地说）：这样吧，公平起见，

老师今天就抽一组同学上来吧。

小李（心咚咚咚地跳个不停）：啊！不会吧？千万别抽到我这一组啊！

张老师：那就小赵同学这组吧！给你们5分钟时间准备一下。

小赵（兴高采烈）：哈哈，运气真好，我们可以免去默写了！

（小李却低下了头，内心忐忑不安。）

小李：怎么这么不巧，左不抽右不抽，偏偏抽到我们这组！真是哪壶不开提哪壶，这不是要我"社死"吗？

【旁白：看着其他同学在准备演讲，小李也想构思自己的演讲内容。可是，她总觉得自己准备得不够好。】

小李（内心独白）：印象深刻的事……哎，小赵怎么这么轻松自如啊……我好担心自己到时会出丑啊……

【旁白：小组的同学一个个上台演讲，看着他们在台上自信地演讲，小李陷入了更加紧张的漩涡中。轮到小李上台了，她站在讲台前，一眼望去，教室里乌压压坐着一大堆

☺ **想一想**

此时此刻，小李的内心想法是_____？

请将彩泥人摆在桌上，然后选取不同颜色的轻泥捏成不同的想法，有几种想法就捏几个，形状不拘，将它们摆放在彩泥人身后。

彩泥人的想法1：
_____

彩泥人的想法2：
_____

彩泥人的想法3：
_____

……

人，虽然都是自己的同学，可此时此刻，她却觉得很有压力。】

小李（内心独白）：我不能紧张，我不能紧张，不能出糗。

【旁白：代表"紧张"的彩泥人在小李身后冒了出来，幸灾乐祸地嘲笑着小李。】

（小李的手心里都是汗。）

小李（轻轻地开始演讲）：我演讲的主题是……

（老师和同学们认真地听着，等待下文。）

小李（低头看着讲台）：我演讲的主题是……

（此时，她已经记不起她想要讲的内容了。）

小李（再一次重复）：我演讲的主题是……

（底下突然爆发出一阵哄笑声。）

【旁白：小李的脸涨得通红，语无伦次、支支吾吾地讲了一些话。她感觉这一分钟有一年那么长。最后，她也不知道自己是怎么下台回到座位上的。】

> 😀 演一演
>
> 请你扮演这位彩泥人，并说出他嘲笑小李的话。
>
> 彩泥人的嘲笑1：
> _____
>
> 彩泥人的嘲笑2：
> _____
>
> 彩泥人的嘲笑3：
> _____
>
> ……

> 😊 想一想
>
> 导致小李紧张的原因是什么？（请打勾，可多选）
>
> (1) 对自己的演讲能力没有信心。（　　）
>
> (2) 其他同学演讲都很成功，压力很大。（　　）
>
> (3) 担心演讲不成功被老师和同学们嘲笑。（　　）
>
> (4) 害怕在众目睽睽之下演讲。（　　）
>
> (5) 其他原因（请补充：_____）

## 第二幕

（午间休息时，小赵在教室看见小李趴在桌子上）

小赵（拍拍她的肩膀）：你不去吃午饭吗？

（小李抬起头，眼里含着泪水，摇摇头。）

小赵：你还在为上午语文课的事难过吗？

小李：我为什么连这一分钟都没有挺过去呢？我想讲好的，可就是做不到像你那样毫不紧张。我一紧张，演讲词就全忘记了。

小赵：哈，你看我不紧张，其实我也有一点紧张的呀！

小李（睁大眼睛）：你也有紧张？

小赵（点点头）：是啊！等你吃好饭，我们俩再聊聊吧！走，先去食堂。

（在食堂吃完饭，小赵和小李在操场上散步。）

小赵：告诉你哦，我上台演讲前也会有一点紧张，可是等我正式演讲时，我就会忘记紧张这件事了。

小李：你是怎么做到的？

小赵（卖了个关子）：这个嘛，可是我的独家秘籍哦！

小李：快告诉我啊！是什么独家秘籍？

小赵：我以前也遇到过和你类似的事，后来我就去找了学校心理老师刘老师，她教了我放松的方法，我试了试还真管用。你的这种情况也可以问问刘老师。

小李：可是，我一个人去找刘老师会很紧张。

小赵：我陪你去！

（站在学校心理咨询室门前，小赵敲了敲门。）

刘老师：请进。

（彩泥人悄悄跟在小李身后走进了咨询室。）

小赵：刘老师，小李遇到点问题，她让我陪她一起来咨询您，可以吗？

刘老师（微笑着点点头）：当然可以，欢迎你们！

（于是，小李向刘老师倾吐了自己的烦恼，小赵又帮着作了补充。）

小李：刘老师，为什么小赵也紧张却发挥得很好，我一紧张就完全忘记了要讲的话呢？

刘老师：其实，紧张并不见得是件坏事。每个人都会有紧张的时候，适度紧张可以使我们集中注意力，提高机体反应，但如果过度紧张，就会出现你这样的情况，影响正常水平的发挥。

小李（急切地问）：那有什么办法可以帮我降低紧张程度吗？

刘老师：我教你一个简单又实用的方法——深呼吸放松。你跟着我一起做：吸气—屏住呼吸—呼气，连续做 5～6 次。蝴蝶拍也可以有效帮助我们缓解紧张。

（小李和小赵认真地跟着刘老师练习放松的方法。原本张牙舞爪的彩泥人逐渐安静下来。）

> 😊 练一练
>
> 请你跟着刘老师的指导做几次深呼吸，体验一下是什么感觉吧。

刘老师：现在感觉怎样？

小李：轻松多啦！谢谢老师！

## 第三幕

（一个月后的语文课上）

张老师：同学们，下一周有一场年级演讲比赛，感兴趣的同学可以报名参加。

小赵：小李，敢不敢挑战一下自己？

小李：我试试，你要陪着我哦！

【旁白：回到家，小李认真地准备演讲稿开始背诵。】

（一周后，演讲比赛如期举行。）

小赵：你都准备好了吗？

小李：嗯，稿子都背熟了。

小赵：加油！

小李：加油！

【旁白：上场前，小李又如往常一样感受到了心脏在咚咚咚地猛跳。这时，她想起心理老师教的深呼吸方法。】

（小李暗暗地深呼吸了三次，心情逐渐平静下来。）

😲 玩一玩

此时小李的紧张程度有什么变化？

请再次从材料包中选择一种颜色的轻泥代表小李此时的情绪和感受，将轻泥划分成十等份（见下图提示），代表1～10的情绪强度（1为最弱，10为最强），小李当时的情绪强度有几分，你就拿取几等份的轻泥放在手中。用手中的轻泥揉捏出小李此时的肢体语言或神态，看看此时的彩泥人和第一次捏的彩泥人有什么不同。

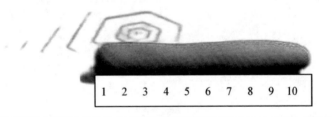

（小李坚定地走向演讲台，面带微笑地望向台下的评委老师和观众。）

小李：各位老师，各位同学，大家下午好！我演讲的题目是"当紧张来临时"。

【旁白：小李的声音渐渐响亮起来，她全情投入在自己认真准备过的演讲内容中。】

（观众席上的小赵向小李竖起了大拇指。）

小李：我的演讲就到这里，谢谢大家的聆听！

（台下响起热烈的掌声。）

（小李一回来，小赵就紧紧地拥抱住小李。）

**小赵**：你今天讲得太好了！祝贺你战胜了紧张！

**小李**：我都不敢相信，这是我第一次这么勇敢地在大家面前公开演讲。谢谢你的帮助！还有刘老师！

（主持人在台上宣布获奖结果。小李获得了三等奖。同学们纷纷祝贺她。）

【旁白：紧张并不可怕，当我们感到紧张时，我们可以试着接纳它的存在，用科学的方法去缓解紧张。】

## 加油站

### 一些缓解紧张的方法

（1）提前做好准备。

有时面对陌生事物时会感到紧张，可以在平时早做准备，勤加练习，这样就能做到心里有数，不至于临场慌张。

（2）转移注意力。

当你感到紧张时，可以暂时将注意力转移到其他方面，比如心里默唱喜欢的歌曲、眺望远处、舒展身体等。

（3）做些放松训练。

比如剧中所提到的深呼吸法，通过深沉缓慢的一呼一吸放松身心。

（4）积极地自我暗示。

当你感到紧张时，可以在心里给自己暗示："我已经认真地做好了准备，适度的紧张有助于我完成挑战，我一定能行！"

## 游戏吧

每个人都有自己喜欢的色彩，当看到这些颜色时情绪会有变化。那么，当你看到哪些颜色时会感到放松愉悦呢？请用画笔将它们涂抹在下方，可以涂抹成任何形状。当你紧张时，不妨看看这些令你放松的颜色和形状。

（上海理工大学附属实验初级中学　牛燕华）

# 第一声喝彩

## 心钥匙

自我认同；人际支持；克服困难；自豪绽放

## 聚光灯

大家好，我是子豪，一名阳光开朗的男生，一个有责任心的小组长。虽然我的职务并不高，但它不影响我展现自己的光辉形象。

学校的心理健康活动季开始了，子豪认真地"研究"着海报，还不时和同学小文交流着，后来他们都选择了"心理小视频"这个活动项目。理想是丰满的，现实是骨感的。设想容易，实践难，写脚本、做剪辑、学习专业心理知识，似乎都不是想象中那般简单容易。在小金人的一次次鼓励和深切期盼中，在老师、同学的一声声喝彩中，子豪一步步走向成功，自豪绽放。

## 亮相台

子豪：一名乐观且开朗的男生。

小文：子豪的同班同学。

思琪：小文的邻居，和小文、子豪同校不同年级。

**杨老师**：学校心理老师

小金人：情绪小人（自豪）

学校的心理健康活动季开始了，子豪、思琪和小文都决定参加"心理小视频"制作项目。一开始他们是单打独斗的个体，子豪在创作过程中付出了很多的努力。为了让动画作品更为精湛，经过一系列整合之后，子豪、小文、思琪三人组成了一个团队。通过团队协作，子豪的作品又上了一个台阶。在作品获奖后，子豪的自豪感油然而生，让我们一起走进小剧场去看一看吧。

☺ **画一画**

同学们，你的情绪小人自豪是什么样的呢？请用手中的画笔画出你生动的肢体语言和形象的面部神情吧！

🏛 **小剧场**

## 第一幕

【旁白：一年一度的学校心理健康活动季拉开了帷幕，学校的电子大屏上滚动着这一季的各项活动，引来众多学生驻足浏览。】

**小文**：今年的心理健康活动季开始啦，有很多项目可以自主参加，展现我们实力的高光时刻到啦！

**子豪**（内心独白）：这么多活动我只能参加一个，选什么好呢？要不我挑战一个高难度的吧？对，就它了——心理视频制作。

【旁白：说干就干，子豪开始了他的创作。作品汇总后，子豪、小文和思琪的作品在众多学生作品中脱颖而出。】

**杨老师**：子豪，今天老师叫你来，是因为你的作品非常棒。经过评委老师们讨论，决定选送你的作品代表学校参加区级比赛。老师为你的实力喝彩！

小金人：子豪，你太棒了，真为你感到自豪！

子豪：杨老师，您知道吗？这个作品我可是画了2000多幅画才制作完成的。这也是我第一次在电脑上画这种类型的画……

杨老师：子豪，你真棒！精心准备这个活动肯定花费了很多时间和精力吧？

子豪：对啊！老师，我给您讲讲我是怎么完成这个作品的吧！

## 第二幕

子豪：这已是我写的第三个剧本了。我原以为写剧本是一件很容易的事情，可真的开始着手写才发现咋这么难啊！写不下去了，真的写不下去了，要不放弃吧？

小金人：万事开头难，我们可不能轻言放弃。你要记得，你可是拍过胸脯保证的。

子豪：可我已经写到第三稿了，这写故事也太难了吧？我感觉每一稿质量都不高，稿子都写不出来，后面的动画我还怎么做下去啊？

小金人：子豪，你这么厉害，这点小事一定难不倒你的。要不给你一个建议，写一下你的自身经历吧！这可比编故事要来得真实。

【旁白：子豪听取了小金人的建议，新的剧本诞生了。】

子豪（内心独白）：果然，写自己要比编写故事更有真情实感。

【旁白：故事写出来后还得改成台词形式，仅台词子豪就写了十几页。】

小金人：文思如泉涌，子豪，你太棒了！

子豪：那是，我对写剧情还是很有天赋的！

【旁白：电脑桌上，电脑、iPad、手机齐上阵。】

子豪：以前没有画过这种画，这个角色问题百出，这个杆子也太细了。怎么办？怎么办？

【旁白：子豪开始心烦气躁起来。】

小金人：子豪，不急不急，离交作品还有一段时间，先好好休息，静下心来，也许一觉醒来你就有新的思路了。

【旁白：经过不断尝试，角色形象终于定了下来。】

小文：子豪，你的动画做得怎么样了？

子豪：我才刚刚写完剧本，定好角色形象，还没到做动画这一步。是不是有点慢？

小文：我做的是视频，应该比你的简单。我利用双休日拍了很多小视频。需要我自己出镜的视频，是请我的邻居思琪帮忙拍的。对了，思琪比我们低一届，她也在拍视频，我们在拍完后还对作品的后期制作进行了一番交流。子豪，既然动画这么复杂难做，要不你也改做视频？

【旁白：子豪开始有些动摇。】

子豪（内心独白）：要不我也拍视频？做动画太辛苦了！

小金人：子豪，我们不能轻言放弃。稿子已写好，角色形象已确定，我们都完成一半工作了。如果和他们做一样的，那就没有特色了。

子豪：每个剧情你得先来个模板，然后从这个模板衍生出去，所以我得先写很多个模板，然后还得学习很多没有接触过的技能，在这个过程中肯定会遇到很多问题，需要不断去尝试、不断去解决。

小金人：那你可以先设想好常见问题有哪些，解决途径也一定要想好，这样才不会手忙脚乱。

【旁白：子豪长长地舒了一口气，整整画了2 200多幅，终于画完了。】

小金人：我看看，我看看！子豪，太佩服你了！你从来没画过这种风格的画，还能画得这么好，棒棒哒！

子豪：现在只剩下配音了，这也是个问题。要么请别人配，要么自己配，自己配可能会很尴尬。还有，剧情还得跟音乐配上，配得不好会让人感觉很单调无趣。找谁呢？找个普通话标准、声音好听的吗？麻烦别人好吗？

小金人：我觉得你还是自己配音吧！如果找别人的话，也许会配不出你要的那种感觉。

子豪：心境不一样，对吧？好，那我自己试试，可不能因为情感抒发影响我动画作品的质量，哈哈哈！

【旁白：在小金人的陪伴与激励下，子豪的作品《希望与和解》完美收官了。】

## 第三幕

【旁白：功夫不负有心人，子豪的作品荣获了区级一等奖。】

杨老师：子豪，恭喜你！你的作品被推选出来代表我们区参加市级比赛啦！

子豪：老师，真的吗？我太开心了！也就是说，我的作品在区里获奖了，对吧？

杨老师：对啊，这是你辛苦付出的回报。子豪，你太棒了！老师为你感到自豪，你是我们学校的骄傲！

子豪：不过，我觉得我的作品还能做得更好，我要冲击市级一等奖。

小金人：子豪，我看好你！

杨老师：可以再好好打磨一下，但时间比较紧迫哦！

子豪：老师，我能找其他同学帮忙吗？

杨老师：当然可以呀！你准备找谁帮忙？

子豪：小文和思琪。我觉得他们的作品也不错，我想请他们给我的作品提建议，再修改一下，精益求精嘛！小文是我的同班同学，思琪是小文的邻居，我们住在一个小区，方便当面交流。

杨老师：好，现在你就是你们三人工作小组的组长了，带领你的组员好好把握这次宝贵的机会吧！加油，期待你们更完美的作品。

【旁白：周六一大早，三人便开始了研讨。】

小文：子豪，你的作品是不是可以在重点的地方加点字幕，更清楚地传达作品的思想和情感？

思琪：子豪，我觉得有些地方配音不是很同步，我们可以再做些改进。

小文：子豪，这个作品的参数要求和保存格式也不太符合要求。

思琪：这个我拿手，交给我吧！

子豪：我对自己的配音还是没有信心，你们说到底要不要再找个同学帮忙？

小文和思琪（异口同声）：配音挺好的啊！发音标准、吐字清晰、语速恰当、感情充沛、节奏优美，把角色塑造得十分到位，特别棒！

子豪：那天老师说要是能做个引人入胜的片头就更好了，让我们一起发挥我们的聪明才智吧！

子豪、小文、思琪：气势磅礴的！哈哈哈！

【旁白：在三人的通力合作下，《希望与和解》的精装版完成了。加上了引人入胜的片头，更为明晰的字幕，子豪原作品的短板——被弥补。】

（一个月后……）

杨老师：子豪，告诉你一个好消息，你们的作品荣获市级一等奖啦！

子豪：哇！太棒了！杨老师，这可是我第一次画这种风格的画，第一次自己配音，我真的太厉害了！对了，我得去告诉小文和思琪，他们两个也功不可没，荣誉是我们大家的。

杨老师：老师再一次为你们喝彩！说说你的获奖感言吧！

子豪：I believe I can fly! I am very very 棒！

小金人：小组长虽然职务并不高，但它不影响你展现你的光辉形象。

【旁白：放学路上，子豪、小文、思琪一起分享着成功的喜悦。】

小文、思琪：子豪，你是我们的骄傲，更是学校的骄傲，向你学习！

子豪：作品是我们小组齐心协力完成的，我们都是学校的骄傲！

子豪、小文、思琪：为我们自己喝彩吧！

小金人：作为子豪的情绪小人，我为子豪所获得的荣誉感到骄傲，更为子豪有这些愿意为他提供帮助的朋友而自豪。

【旁白：子豪从自我否定→得到支持→克服困难→被肯定，在一声声的喝彩中走上了更大的舞台自豪绽放！】

> ☺ 想一想
>
> 　你有让自己感到自豪的经历吗？让我们试着将它写成（画成）一个故事吧！

### 加油站

#### 生活中可以让我们感到自豪的小事

（1）你可以为自己已经取得的成绩而自豪。成绩不分大小，每一次成功都意味着向前迈出了一步。

（2）你可以为自己刚刚战胜的一个小挑战感到骄傲。

（3）你可以为帮助了一个陌生人而感到幸福。

（4）你可以为帮助了一个朋友而露出微笑。

（5）你可以为结识了一个新朋友或读了一本新书而感到高兴。

（6）自豪是一种复合情绪，重要的是这里面承载的东西需要我们自己去发现，去体会，去感悟。

### 游戏吧

以 10~12 人为一组，进行一个名为"绽放"的小游戏。

**游戏规则：**

一开始，我们都是一颗小小的种子，以石头剪刀布的形式进行比赛。胜出者发芽，然后小芽与小芽比赛，还是种子的继续与种子比赛，赢了的小芽变成小苗，输了的小芽继续找自己的同类比赛，经历从种子到小芽、小苗、花苞、绽放的成长过程，直到完全绽放。最后会剩下一颗种子、一个小芽，一株小苗，一个花苞不能绽放。

**游戏感受：**

（1）未绽放：＿＿＿＿＿＿＿＿＿＿＿＿＿＿＿＿＿＿＿＿＿＿

＿＿＿＿＿＿＿＿＿＿＿＿＿＿＿＿＿＿＿＿＿＿＿＿＿＿＿＿＿＿

（2）绽放：＿＿＿＿＿＿＿＿＿＿＿＿＿＿＿＿＿＿＿＿＿＿＿＿

＿＿＿＿＿＿＿＿＿＿＿＿＿＿＿＿＿＿＿＿＿＿＿＿＿＿＿＿＿＿

**游戏感悟：**

我的绽放小技巧： _____

_____

（上海音乐学院实验学校　顾敏）

# 孤独的星球

🔑 **心钥匙**

人际交往；保持开放；个人成长

💡 **聚光灯**

我叫小英，是一名初一女生。上周，我和我最要好的两个闺蜜（小佳和小鑫）吵翻了。我们原本是最要好的朋友，她们却在朋友圈里评论我的言谈举止，吐槽我的兴趣爱好。其实，不知道从什么时候开始，我感觉到她们离我越来越远了。她们谈论的话题我插不进去，她们的笑点我 get 不到，只能在旁边傻乎乎地笑。我不知道是什么让我们疏远，我只知道我真的不喜欢这种"明明三个人在一起，只有我很孤单"的感觉。让我更难过的是，我跟妈妈说这事儿，妈妈却告诉我"不要把时间浪费在这些鸡毛蒜皮的事儿上，初一了，多想想学习！"我想跟爸爸说说这事儿，他又急着去和球友踢球，压根儿不关心我的喜怒哀乐。我不知道谁能听我诉说，谁能够理解我的感受，也不知道该怎么和其他同学搭话。谁能告诉我应该怎么办？我觉得很孤单，仿佛世界都离我而去，而我独自蜷缩在床上。

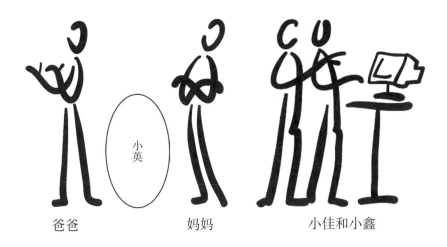

爸爸　　　　　　妈妈　　　　　　小佳和小鑫

😊 演一演

　　同学们，如果你是小英，上图描述的是你所在的场景，你现在很孤单。孤单的时候你的身体姿势是怎样的？请摆出这个姿势，定格动作，持续30秒。

　　说一说你在角色里的感受，这些情绪可能是指向别人的（爸爸、妈妈、小佳和小鑫等），也可能是你在这个场景中感受到的。

## 🏛 亮相台

小英：故事主角，一名初一女生，性格内向。

灰灰：小英的孤单情绪。

小佳、小鑫：小英的闺蜜，大大咧咧的。

小灵：小英的同班同学。

小英爸爸、小英妈妈：和许多父母一样，很在意孩子的学业。

## 🏛 小剧场

<h3 style="text-align:center">第一幕</h3>

（小英的房间）

【旁白：这是一个普通的周末，小英正在房间里做作业，忽然，微

信提示音响起……】

小灵：小英，你跟小佳、小鑫她们怎么啦？

小英：没怎么呀，昨天放学还一起回家呢！

小灵：真的？你看到她们发的朋友圈了吗？明显在嘲讽你啊！

小英：什么朋友圈？我没看到，不跟你聊了，我还有很多作业没做呢！

【旁白：小英慌忙地中断了聊天，迅速打开微信朋友圈。朋友圈里小佳发布了一篇题为"谁还不是个小可爱"的小作文，讲述了她某个装腔作势的朋友言谈举止是多么令人作呕。小英越看脸色越白，文中提到的"喜欢在马尾上扎个夸张的蝴蝶结""看到迪士尼某宝贝就走不动道儿""这不就是在说我吗？"小英很气愤！没想到令她更生气的还在后头，另一个闺蜜小鑫在评论区疯狂评论"水杯、筷子、笔袋，什么都是粉色，我的天！""从来没见过这么爱显摆的人"，小英完全蒙了。】

小英（内心独白）：她们说的就是我啊！她们是我最好的闺蜜，却在朋友圈里这样嘲讽我，连小灵都看出来了她们说的就是我！我怎么得罪她们了？我什么都没做啊！她们为什么要这么说我？我对她们这么好，她们为什么要这么对我？我该怎么办？明天我要怎么跟她们相处？我真的好难过！

小英失声痛哭起来。

妈妈（听到哭声，进入小英房间）：怎么啦，孩子，发生什么事了？怎么哭了？

小英（抽泣）：妈妈，你看，小佳和小鑫在朋友圈里嘲讽我，她们怎么能这么说我呢？

妈妈（翻看朋友圈）：她们说的是你吗？没指名道姓啊！大概是你想多了！你都初一了，上次数学考得不好都没见你哭，小朋友间的这些事儿有什么好哭的？作业还没做完吧？明天还有数学考试，快抓紧时间复习吧！

小英：妈，我现在哪有心思做作业？你不要烦了，行不行！

妈妈：你看你这孩子，怎么这样？为了这点事儿就不学习，学习可是你们学生的正业啊！

小英：妈妈，你能不能出去？

爸爸（将脑袋探入房中）：老婆，我要去踢球了，球友们等着我呢！（对小英）你怎么能这样对你妈说话，谁惯的你？（转头就出门了）

（小英把妈妈推出房间，锁上门，拉开被子，把自己蜷缩起来默默哭泣。小小的灰灰探出头出现在小英床头。）

小英：你看，就是这样！又是这样！没有人关心我的感受。三个人在一起的时候，她们两个说说笑笑，光说些我不知道的男团女团的事情，也不管我在旁边插不上话有多尴尬。明明我们是从小玩到大的，不知道什么时候她们就变了。我真搞不懂，一群人唱唱跳跳的有什么好看的！今天她们更过分了，这么说我，她们根本没把我当朋友啊！

灰灰：她们不把你当朋友，你也别把她们当朋友了。她们有什么了不起的，离开她们还不能活了？

小英：可是，我一直都只和她们一起玩，失去她们我就没有朋友了！

灰灰：你还有我啊！我关心你，我在乎你，我愿意听你诉说，我愿意听你抱怨！

小英（喃喃自语）：是啊，那些不在乎我的人我为什么还要在乎他们？爸爸只关心他的球友，妈妈只关心成绩，他们都不关心我，他们都不爱我，我也不想再依靠他们了。

灰灰（抱住小英）：以后你就跟我在一起，我永远陪着你！

小英（抱住灰灰）：以后我只和你在一起，灰灰，只有你懂我！只有你在乎我！

---

😊 **画一画**

　　每个人都有孤单的时候，我们也有自己的灰灰。你的灰灰是怎样的？请将你的灰灰画在框内。

😊 **想一想**

　　请看着你的灰灰，此时此刻你最想对他说些什么？

---

# 第二幕

## （小英的房间）

【旁白：时间过得飞快，一眨眼两周就过去了。这两周，小英一个人上学，一个人放学，下课自己在位置上做作业，体育活动时就呆呆地看同学们打球。小佳和小鑫找过她几次，她都没有搭理她们。】

灰灰（体型变大了一圈）：小英，你今天做得真不错，就是不该搭理小佳和小鑫，让她们也尝尝被人冷落的味道！

小英（无精打采的）：嗯。

灰灰：小英，明天你也别理他们，她们不是真的在乎你，她们找你准没什么好事，还不知道想怎么"套路"你呢！

小英（无精打采的）：嗯。

灰灰：小英，小英……

妈妈（敲门）：小英！

小英（无精打采地做着作业）：我在做作业。

妈妈（继续敲门）：小英，我们谈谈！

小英（头也不抬，大声地回答）：我在做作业！你不是说学习最重要吗？

（妈妈无奈地离开了。）

（微信提示音响起，小英瞥了一眼手机，是小佳发来的消息。小英不去理会，继续写作业。写完作业，小英默默地整理好书包，上床躺下。她拿起手机，又很快放下，最后把手机丢在了一边，闭上了眼睛。）

灰灰（体型继续变大，躺在小英身边，在小英耳朵边不断念叨）：不要再想小佳了，她最多就是想辩解罢了，别去看她虚伪的嘴脸。小佳和小鑫都不值得信任，所有的同学都一样，那些人总是当面一套，背后一套。我和你在一起，我们把所有的人都封锁在外面，这样任何人都不能伤害你！相信我，小英！

（小英听着灰灰的念叨，迷迷糊糊地睡着了。在梦里，她来到了茫茫宇宙，看到一颗灰色的、毫无生机的星球孤独地运转着，慢吞吞地、孤零零地运转着。在离这颗星球不远的地方，还有一些星球，它们之间有通道相连，许多小精灵在通道中忙碌地搬运着什么。这些星球，有的金光闪闪，有的绿意盎然，有的一片蔚蓝，有的五彩缤纷，它们快速地运转着，兴高采烈的样子。这时候，小英听到了轻微的哭声。她转过头，看到那

颗被灰色包裹着的孤独星球在抽抽搭搭地哭泣。那颗星球和她一样，正殷切地看着那些彼此联结着的星球，那些快乐忙碌着的小精灵们!)

想一想

　　如果你是小英，此时此刻你有什么感受?你会怎么想?请说出你心里的声音。

## 第三幕

（教室走廊）

【旁白：小英一个人在教室走廊上发呆。】

　　灰灰：小英，你今天怎么啦? 也不和我说话!

　　小英：灰灰，我很害怕，我害怕自己永远都只能和你在一起。

　　灰灰：就我们两个不是挺好的吗? 我可是一心为着你的。我会保护你，不让别人伤害你!

　　小英：可是我真的很怀念以前和小佳、小鑫在这条走廊上打打闹闹、嘻嘻哈哈的时光。

　　灰灰：你可别忘记，她们是怎么伤害你的!

　　小英：但她们也给我带来过快乐。看，我生日那天，她们就是在这里把礼物塞给我的，那只粉色水杯太可爱了。我怎么能因为朋友圈的几句话就忘记她们是怎么对我好的? 我怎么能这么不相信她们?

　　灰灰（哑口无言）：这……

　　小英：但我也不知道该怎么打破现在的局面。我拒绝了她们那么多次，她们大概也灰心了吧!

　　灰灰：小英，我，我也不知道该怎么办! 我是不是害了你呀?

　　（这时，小佳和小鑫从走廊的那头走来。小英鼓起勇气向小佳和小鑫走去。）

小英（注视着小佳的眼睛）：小佳，我真的很难受！

小佳（怯怯地说）：小英！

小英：看到你的朋友圈我难受了好久！

小佳（急切地）：对不起！小佳！我和几个朋友玩真心话大冒险，我的大冒险项目是"发圈吐槽你最好的朋友"。我想，我们关系那么好，吐吐槽有什么关系，我没想到那些话会让你这么难受。我没有考虑到你的感受，真的对不起！

小鑫（支支吾吾）：我就是跟在后面打个酱油，凑个热闹！我不是故意的！

小英：没有想到我在你们心目中是那样的形象，我真的被那些话震惊了。

小佳：我发完朋友圈想跟你解释的，但给你发消息你不回，给你打电话，你也不接，我实在没办法。后来再看了一下那些话，真的很过分。发的时候我一心只想着完成吐槽任务，我这个人嗨起来五六不分，你还不知道吗？

小鑫：小英，小佳和我真的后悔了！我们不该这么说你，你就原谅我们吧！

小英（真诚地）：我也有不对的地方，我不该只顾自己生气，不听你们解释，不跟你们沟通。我不是开不起玩笑的人，这些天我只是太生气、太难受了！对不起！

（三双手紧紧地握在了一起，三张脸不约而同地扬起了微笑！灰灰在一边看到小英灿烂的笑脸，也开心地笑了。）

灰灰（对小英说）：小英，祝你快乐！希望身边一直有朋友相伴！

小英（冲着灰灰点头）：嗯，我会的！谢谢你，陪着我度过最糟糕的那些天，谢谢你！

灰灰（拥抱小英）：我会一直在你身边，你需要我的时候，我就会出现！

（小英拥抱灰灰。）

---

😀 演一演

　　同学们，请你们再次成为小英的替身，场景是：回到家用坦诚的态度与妈妈沟通，表明自己的感受，说出自己的需要，也给对方机会，说出她的感受与需要。

---

## 🏮 加油站

### 要远离孤单，不妨试试以下方法

（1）主动沟通。

相信沟通能拉近人与人的距离，不要因为害怕被伤害而拒绝与人沟通。

（2）保持开放的态度。

希望别人理解你，要先学习把自己的感受说给别人听。

（3）学习换位思考。

可以玩一玩角色互换的游戏，在他/她的情境里感受和思考。

（4）扩大交往圈。

主动发展与不同性格、不同特质人的友情，让自己对他人有更丰富的了解。

游戏吧

（1）每个人都是一颗独立的星球，如果下图代表你，请为它命名。

（2）在你的周围还有些什么星球？请把它们画出来并给它们命名。

（3）你们之间的通道里有小精灵吗？它们在传递什么信息？请把通道画出来（请注意通道的长短、粗细）并标注传递的不同信息。

（上海市鞍山实验中学　王静）

# 快乐卡路里

心钥匙

🗝 **心钥匙**

　　快乐；感官享受；人际支持；意义

🔦 **聚光灯**

　　我是阿海，喜欢做题，我的同学阿皮喜欢游戏。不过，我们有一个共同的烦恼，那就是最近不怎么 happy。

　　哦，你问什么叫作"不怎么 happy"？嗯——那是一种胸口闷闷的感觉，一种什么都不想干的感觉，一种无聊透顶的感觉……妈妈问我阿海的眼睛里为什么没有了神采，唉，其实我也不知道。

　　还好有快乐小精灵，带领我们一同去寻找持续快乐的秘密，开启"快乐卡路里"挑战……

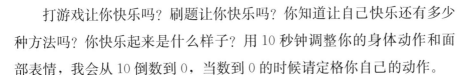

打游戏让你快乐吗？刷题让你快乐吗？你知道让自己快乐还有多少种方法吗？你快乐起来是什么样子？用 10 秒钟调整你的身体动作和面部表情，我会从 10 倒数到 0，当数到 0 的时候请定格你自己的动作。

定格 5 秒后，请你把自己的样子画下来。

## 🎫 亮相台

阿海：七年级男生，喜欢刷题的学霸，"双减"之后因作业量减少而时常感到无聊。

阿皮：阿海的同班同学，电子游戏大王，因为电子产品被父母监管，也时常觉得没意思，不好玩儿。

快乐小精灵：神秘游戏"快乐卡路里"挑战的发起者，"快乐卡路里"指数的解读者。

夏日的午后，阿海和阿皮各收到了一份名为"快乐卡路里战队"的神秘邀请。根据邀请函上的说明，他们来到了指定地点，在那里接受了来自快乐小精灵的"快乐卡路里"挑战……

## 🏛 小剧场

## 第一幕

（阿海和阿皮左顾右盼分别走上场。）

阿皮：哎呀，这么热的天气，如果不是看在"挑战"这两个字的份上，我才不会到这里来呢！希望最好是一局好玩的游戏，让我轻松打怪升级，毕竟已经很久没有体会过打游戏的快乐啦！小人本住游戏里，副本里有屋又有田，生活乐无边。（定睛一看）咦，那不是学霸阿海同学吗？

阿海、阿皮（用手指着对方，齐声说道）：你怎么会在这里？

阿海：我到这里来赴"快乐卡路里"之约啊！

阿皮：啊，你也来赴"快乐卡路里"之约？你，怎么也会喜欢打游戏啊？咦，你怎么还带着书包？

阿海：啊？打游戏？我不知道啊！我是看到"快乐卡路里挑战"这几个字才过来的——快乐挑战，那肯定是来自刷题啊！哎呀，刷题啊刷题，我的快乐源泉！

阿皮（抱头哀嚎）：不——会——吧——

阿海：我们还是快点用魔咒召唤神秘挑战吧！

阿海、阿皮（齐声）：Happy! Happy! There is no why in happiness, there is an I.

阿皮：这句魔咒到底是什么意思啊？

（阿皮一边说，手持魔杖的快乐小精灵一边飘然而至）

精灵：Happy! Happy，就在这里！阿海和阿皮，你们是"快乐卡路里挑战"的认领者吗？

阿海、阿皮（齐声答道）：是！

阿海：我们是为了寻找持续的快乐而来的！

阿皮：是的，手机总是被老爸老妈没收，快乐说没就没，太没意思了！

精灵：那就请你们去挑战，集齐1000卡路里的快乐，就可以到我这里来兑换持续快乐的秘密了！

阿海（兴奋地）：Happy! Happy，就在这里！如果我做1000套试卷，能够集齐1000卡路里吗？

精灵：Happy! Happy，就在这里！每种形式都只能兑换一次，所以不管是刷1套题，还是1000套题，你都只能得到30卡路里。

阿皮：那么，打一局游戏呢？

精灵：Happy! Happy，就在这里！电子游戏也能获得30卡路里！你们可以完成挑战吗？

阿海、阿皮（互相看了一眼，转向观众）：如果你是我们，可以完成集齐1000快乐卡路里的挑战吗?

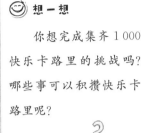

😊 **想一想**

你想完成集齐1 000快乐卡路里的挑战吗?哪些事可以积攒快乐卡路里呢?

## 第二幕

【旁白:阿海和阿皮就这样开始了他们的"快乐"找寻之旅……】

阿海:我先做一套模拟卷!

精灵:完全沉浸在任务中,获得了心流体验,加30卡路里!

("快乐卡路里"显示牌:+30)

阿皮:哎呀,我现在没手机,没法儿玩游戏了!

阿海:那想想别的办法吧!

阿皮:嗯——天气这么热,我们去吃个冰激凌吧!

精灵:味觉被激活,甜蜜滋味触发多巴胺释放,加10卡路里!

("快乐卡路里"显示牌:+10)

阿皮:哈哈,这也可以!

精灵:微笑,刺激大脑释放内啡肽和血清素,加10卡路里!

("快乐卡路里"显示牌:+10)

阿海:啊,我懂了!我还可以听音乐!

精灵:加20卡路里!

阿皮:我们可以去打篮球、去运动!出汗的感觉,爽!

精灵：加 30 卡路里！

阿海：我们可以去撸猫，治愈！

精灵：加 10 卡路里！

······

精灵（手持相机上场）：Happy！Happy，就在这里！亲爱的各位观众朋友，看到这里，你们的"快乐卡路里"是多少呢？用上你的动作，用上你的表情，我们现在的剧场就是一个快乐卡路里乐园，你

**演一演**

请展示你自己的快乐并作简单解释。

在乐园里收集快乐卡路里，现在请你想象一下你正在做什么，并把你想到的表演出来！当我喊停的时候，你们就要定格。我会随机拍摄，被拍到的同学开始继续表演；当我喊"快乐继续"时，全体同学解除定格，继续表演，直到我再次喊停。

## 第三幕

【旁白：不知不觉，阿海和阿皮的快乐卡路里达到了 620，他们感觉有些累了，似乎也没有什么好主意了，于是索性坐下来休息······】

阿海：我原来以为集齐 1000 卡路里是一件和刷题一样容易的事

情，但是没想到其实没有那么简单……

阿皮：是啊，我本来也以为是这样……对了，阿海，你为什么会觉得"刷题"很快乐啊？我一想到"刷题"就头大。

阿海：嗯，其实有些题目一开始我也是不会的……你记得吗？六年级的时候，我的数学总是不及格。不过，那个时候我偷偷树立了一个小目标，就是争取每天刷一遍昨天的错题。

阿皮：哦，那后来呢？

阿海：后来不知不觉错题就越来越少了。现在，我一看到题目就能猜出老师想考哪个知识点，有一种和老师玩捉迷藏的感觉，还挺有意思的！

阿皮：哎呀，怎么有一种打游戏的感觉啊，要闯关打 boss……

阿海：是呀，应该是差不多的感觉吧！我听说你游戏打得很好，只要你下定决心也一定能把学习搞好！

阿皮（有些兴奋）：真的是这样吗？

精灵：同伴支持，激发积极的信念和愉快的体验，加 100 卡路里！（"快乐卡路里"显示牌：＋100）

阿皮：啊？这个可以加 100 卡路里啊?!

精灵：那当然！如果你能战胜不可能，在数学学习上也获得成就感，还能再加 100 卡路里！

阿海：为什么呢？

精灵：经由努力战胜困难，大脑分泌内啡肽，会带来持久的满足感啊！

阿海、阿皮（齐声）：啊，原来是这样——

阿海（突然明白了，兴奋地大喊）："Happy! Happy! There is no why in happiness, there is an I."我知道这句魔咒是什么意思了！

阿海转向观众：你们明白这句魔咒的意思了吗？

😊 想一想

　　参考答案："快乐需要自己（I）主动努力争取得来，而不是抱怨'为什么'（y，发音 why）快乐还不降临在我身上"。也可以从"积极行动会带来意义感和幸福感"的角度，谈谈自己对这句话的理解。

　　阿皮：啊，原来是这样！只是……我们还没有攒够 1 000 快乐卡路里，这可怎么办啊？

　　阿海：那……我们听听观众朋友们还有什么想法吧！

　　精灵：啊……其实你们已经提前知晓了持续快乐的秘密了！

　　阿海、阿皮（相视一笑，面向观众引导大家齐声读）：我们知道了！那就是——Happy! Happy! There is no why in happiness, there is an I.

😄 练一练

　　通过背景 PPT 呈现 "Happy! Happy! There is no why in happiness, there is an I." 和观众朋友共同读出这句话吧！

🏠 加油站

### 获得持久快乐的秘诀

　　源于感官体验的快乐短暂易逝，如何获得更持久的快乐体验呢？积极心理学认为，创造充实、快乐和有意义的生活需要五大要素，用五个英文字母表示分别是 P、E、R、M、A。

（1）正向情绪（Positive emotion）。

积极情绪是快乐人生的一个重要元素，包括幸福感和生活满意度。积极而不消极，主动而不被动，要认识到自己是幸福的首要责任人。剧中的"There is no why in happiness, there is an I."［快乐需要自己（I）主动努力争取得来，而不是抱怨"为什么"（y，发音 why）快乐还不降临在我身上。］表达的就是这层意思。

（2）全心投入（Engagement）。

全心投入指的是在做一件事情的时候完全沉浸其中，感觉到时间停止，这是一种心流状态，全心投入带来的合一、通透的状态。剧中的阿海在刷题时体会到的就是这种感觉。

（3）正向人际（Relationship）。

人是社会关系的产物，社会关系的总和是人的本质。人的一切力量，都来自社会关系的赋能。良好的人际关系，既是支撑和保障，又是意义和成就的来源。剧中阿海给予阿皮鼓励，体现的就是这种积极的人际关系。

（4）生命意义（Meaning）。

人因意义而活着，意义是人行为的目的和动力。有丰富精神世界的人，往往拥有更丰富的意义系统；生活中有趣有益的体验越多，获得幸福感的来源就会越多。快乐小精灵带领阿海和阿皮寻找快乐的多重源泉，就是一个丰富个人体验的过程。

（5）成就感（Accomplishment）。

成就是行为的结果，是整个幸福创造过程的结局和外化。在良好社会关系的支持和鼓励下，积极地投入某件有意义的事情，人最终会获得满意的成就感。阿海和阿皮在观众的努力下积攒了快乐卡路里，最终找到了快乐的秘密。你感受到他们的成就感了吗？

**游戏吧**

制作我的《快乐卡路里存储单》。

阿皮和阿海在积攒他们的快乐卡路里，你是不是也有属于自己的快乐之道呢？如上图所示，用一张 A4 纸制作一个小册子，然后按照以下格式填写记录你的"快乐卡路里"存储单。

| "快乐卡路里"存储单 | | | |
|---|---|---|---|
| 日期 | 事件 | 存入卡路里数额 | 数额界定的理由 |
| 2023 年 6 月 1 日 | 我的书法作品在六一儿童节义卖活动中被同学们抢购 | 50 | 我学习了 3 年书法，努力被同学们看见和喜爱，我感到很高兴 |
| …… | …… | …… | …… |
| | | | |
| | | | |
| | | | |

（复旦大学第二附属学校　罗吾民）

# 夏洛特之丧

 **心钥匙**

沮丧情绪；外化对话；身体雕塑；接纳

**聚光灯**

夏洛特今年 14 岁，是一名初二年级的女生。最近一个人的时候她总是会莫名难受，"我不行了，有点丧，太烦了"成了她的口头禅。她经常耷拉着脑袋，走路时步伐沉重，每天带着苦瓜般的面容踏进校园。

夏洛特是我校一名看似阳光的女生，但常常一个人躲在教室角落，难以融入班集体。上体育课的时候，她看着同学们欢快地在操场上打闹嬉笑，仿佛自己与他们在两个世界。她的世界阴雨蒙蒙，阳光很难照射进来。开学一个月以来，她在学业上总是拖延，虽然很想努力跟上老师的节奏，但却很难，为此她经常被同学嘲笑，偶尔还会被老师、家长批评。她时常感到注意力很难集中，总是提不起精神。日子就这样一天天过去了，夏洛特非常沮丧，似乎早已忘记了快乐的滋味。

😞 演一演

你是否也曾和我一样，心情时而低落，时而沮丧？

你是否也曾和我一样，把"丧"字常挂嘴边？

当你陷入沮丧时，你的心情颜色是怎样的？那一刻你的肢体语言和神态又是怎样的？

请选出一条能代表你的"沮丧与低落"心情颜色的丝巾，模拟一个你在沮丧情绪下的肢体语言或姿态，借助丝巾形成一个身体雕塑。

## 🎭 亮相台

夏洛特：故事的主人公，一名初二女生，性格内向，不善言辞，时而大条，时而敏感，常因为同学的玩笑话陷入沮丧情绪之中，为此她感到很困扰，不知如何应对，逐步陷入低落情绪中不能自拔。

夏小荷：主人公的同学（女），也是夏洛特的同桌，性格外向，乐于助人，十分热心，善于观察同学的喜怒哀乐，也乐于为同学排忧解难，在夏洛特克服沮丧情绪的过程中起着至关重要的作用。

夏小乐：主人公的同学（男），开朗调皮，大大咧咧，是夏洛特的前桌，经常以嘲笑口吻调侃夏洛特，这给夏洛特带来了困扰。

夏小丧：主人公沮丧情绪的替身，当夏洛特感到沮丧时常发出扰乱其心绪的声音。

"丧"是一种低落颓丧的感觉，这一负面情绪会严重影响学生的身心健康，也会给身边的人带来弥散性的消极情绪。"丧"如果没有得到及时缓解或正确引导，会严重影响学生正常的学习生活和人际关系。

夏洛特在体育课时的格格不入，很大程度上是因为她的内向与不善言辞。但内向一定是问题吗？不爱表达一定是夏洛特的错吗？夏洛特有没有可能通过和同伴的共同努力从沮丧中走出来？接下来就邀请你一起走进夏洛特的小剧场。

## 🏛 小剧场

### 第一幕

【旁白：在体育课上，大家都在打篮球，唯独夏洛特一个人在走廊上郁郁寡欢。】

夏小荷：夏洛特，你怎么不和大家一起玩篮球啊？

夏洛特：最近有点"丧"，emo 了。

夏小荷：先一起去玩，走吧走吧！

夏洛特：你去吧，我不想玩，我想一个人待一会儿。

夏小荷：怎么感觉你的头顶有一团乌云，黑压压的，你怎么啦？

夏洛特：很烦，真的不知道夏小乐是怎么想的，讲话总是不顾及他人的感受。

夏小乐：你们是在说我吗？我怎么啦？（哈哈地笑着说）

夏小荷：你少说两句。

夏小乐：小肚鸡肠，你们这看起来跟个林黛玉一样，磨磨叽叽真没劲，我打球去咯。

😊 **想一想**

此时此刻，夏洛特的内心想法是＿＿＿＿。

夏洛特：哎，我能怎么办？难道真的是我的性格有问题吗？

夏洛特（独白）：都是我的问题，是我性格不好，我就不该出现在这个班级里。

【旁白：代表沮丧情绪的夏小丧更加猖狂，席卷了夏洛特的整个身体。】

夏洛特（蹲下，两手环抱膝盖，泪水慢慢地流过脸颊）：呜呜呜……

夏小荷：别哭了，不是你的错，都怪那个夏小乐，他真的太过分了！

☺ **演一演**

请你扮演夏小丧，尝试说出夏洛特陷入沮丧情绪时想说的话。

☺ **想一想**

夏洛特的沮丧情绪是如何表现的？

## 第二幕

【旁白：晚上夏洛特躺在床上，带着一丝阴郁与沮丧翻来覆去，渐渐进入梦乡。她发现自己回到了教室。】

夏洛特（沉默不语，头顶似乎有一团乌云）：我为什么会这样？

【旁白：这团乌云就这样在夏洛特头顶持续徘徊，但乌云从哪里来？是如何影响着夏洛特的？】

夏小丧：谁让你不理我？我就要好好折腾你一会儿。

夏洛特：你从什么时候开始出现的？

夏小丧：当你无法融入班级的时候，当你不知如何与好友表达自己的想法和感受的时候。

夏洛特：那我怎么没留意到呢？

夏小丧：进入预备初中年级以后，你一直占领着班上第一名的位置，但到了初二你开始从第一名降到第十名之后，我看到一个失落的你（三米处的位置）；初一的时候，你们班级进行班干部换届选举，我看到你内心很想当班长，可因为你成绩的下滑，你连竞选的机会都没有（两米处的位置）；再后来因为种种的不顺，你的好朋友开始和你保持距离，她们开始和现在的班长、和第一名做朋友，这让你很沮丧（一米处的位置）；初二开学以来，我看到你越来越不想说话，也不愿和同学、老师说话，丧丧的我环绕在你的整个身体里，你开始茶不思、饭不想，你开始上课注意力不集中，总忘事儿，睡眠也变得不好了……

😊 **想一想**

沮丧是如何一步一步靠近夏洛特的？

（夏小丧边讲述边调整与夏洛特的位置，三种位置姿势不尽相同，三种不同姿势定格）

【旁白：你也常常忽视沮丧情绪的吗？也许正是因为你对沮丧情绪的忽视，才让沮丧情绪愈演愈烈。】

**夏洛特**（夏洛特突然从梦中醒来，满脸茫然）：我到底怎么了？明天一定要找夏小荷聊聊，看看她有什么好办法。

## 第三幕

【旁白：早上醒来夏洛特一脸疲惫，脑海里回想着昨晚夏小丧说的话，赶紧收拾书包来到学校，坐在自己的座位上。】

**夏洛特**（拉了拉夏小荷的衣袖）：小荷，我有点难受，想跟你聊一聊。

夏小荷：怎么啦？终于等到你主动跟我聊了。

夏洛特：我不喜欢夏小乐。

【旁白：正说着，夏小乐突然凑过来。】

夏小乐：夏洛特，你昨天体育课怎么啦？该不会是生气了吧？

夏洛特：小乐，我郑重地告诉你，我不喜欢你嬉皮笑脸调侃人的样子，你那样说话让我感到很不舒服，希望你不要再拿我开玩笑，我可不是林黛玉。

夏小乐：好吧好吧，我只是开个玩笑，如果你感到不舒服，我以后不说就是了。

夏小荷：你们这样才对嘛，有话好好说。

夏小乐：看你郁郁寡欢的，我就想调侃一下，让你们放轻松一点，没想到你居然更难过了。

夏小荷：每个人都不一样，你觉得没什么的，其他人可能会觉得很不舒服。

夏洛特：是啊，其实因为你这样的调侃我已经难过半个多月了，但我却不知道应该怎么办。本来我的成绩就落后了，感觉同学们都不喜欢我，你这样说真的让我很沮丧！

夏小荷：你能这样把心里的想法说出来就很好，如果下次你不知道怎么办，可以和我们一起讨论啊！

😊 **想一想**

此刻夏洛特的沮丧情绪是如何一步一步退出的？

夏洛特：有你这个朋友真好！很多时候我不太会表达，当我还没想清楚的时候就一个人闷在心里，不曾想越闷在心里越难受。

【旁白：此时的夏小丧狡黠地笑着。】

夏小丧：我就是这样，你越怕我，不敢说话、不敢求助，我就越让你浑身难受。

【旁白：看着夏洛特与夏小荷亲密地述说心事，夏小丧感觉到自己已无处藏身，怯怯地离开了。】

> ☺ 议一议
>
> 夏洛特采取了哪些方法面对沮丧情绪？

### 🅰 加油站

## 应对沮丧的一些方法

（1）允许自己暂时沮丧。

当沮丧情绪来临时，不要害怕，不要恐慌，停下来感受一下沮丧，观察一下那一刻身体语言的变化，尝试着接纳沮丧情绪的出现。

（2）发呆，允许自己放空一会儿。

当沮丧情绪来临时，可以让自己放空一会儿。在忙碌的学习生活中，身体会很疲惫，不妨趁这个时间发发呆，给自己放个假。

（3）增加对沮丧情绪的观察与反思。

当沮丧情绪被接纳时，就会少一些与沮丧的对抗与消耗，多一些对沮丧的观察与思考，增进我们对真实自我的探索与认知。

（4）尝试与沮丧对话，发现沮丧的价值与意义。

在对沮丧情绪的观察与反思中，我们可以试图与沮丧对话：沮丧为何此时会出现，它想对我说些什么？那一刻我想对沮丧说些什么？沮丧对我来说有哪些价值和意义？在对话过程中尝试与沮丧和解。

（5）正向鼓励，正面暗示，给自己一些勇气去主动面对沮丧。

在自我调适的过程中，请对自己多一点正向鼓励，告诉自己"沮丧只是暂时的，我是可以的"，积极的正面暗示可以增强我们面对沮丧的勇气。

（6）和好朋友一起面对，与好朋友述说并讨论解决策略。

在自我调适与探索之外，我们还可以尝试寻找好朋友的支持，正如剧中的夏洛特和夏小荷那样。我们不是一座座孤岛，我们可以向好友述说自己的困境，共同探讨解决策略。在讨论过程中要多一点包容，多一点关怀，少一点嘲讽。

（7）与家长谈心。

如果沮丧情况持续时间较长，请及时与家长沟通，和爸爸妈妈一起讨论自己遇到的困扰，努力获得家长的关爱与支持。面对这种情况，家长也要多一点倾听，多一点理解，少一点指责。

### 游戏吧

每个人都有自己喜欢的颜色，当我们看到不一样的颜色时，我们的情绪与感受是不一样的。请在舞台两侧选出能代表你的"轻松与快乐"心情的一条丝巾。当看到你选中的丝巾时，你的身体感受是怎样的？模拟一个你在"轻松与快乐"情绪下的肢体语言或姿态，使用丝巾形成一个全新的身体雕塑。

（上海民办杨浦实验学校　罗建婷）

# 愤怒观测镜

心钥匙

🔑 **心钥匙**

愤怒；导火线；人际沟通；改变

💡 **聚光灯**

天天是一名乐高狂热者，有爱她的父母，还有一个好闺蜜雨晨，她们从小就是同桌。到新的学校后，她们又来到了同一个班级，这让她们的关系更加亲密。但是一件小小的事打破了她平静的生活，她不知道她们为何这么生气，而且这团愤怒之火越烧越烈，让她无力招架……

愤怒中的人们通常是什么样的表情和姿势呢？请你用动作和表情模仿他们愤怒的样子，并把他们愤怒时的样子画在下面的方框里。

### 🏫 亮相台

天天：性格外向，大大咧咧的。

雨晨：天天的好朋友，敏感细腻，性格内向，天天是她唯一的好朋友。

天天爸爸：每天忙于工作。

天天妈妈：每天除了工作，就是为天天的学习做最详尽的规划和安排。

镜镜：一面拥有神奇功能的镜子，它可以测出人的愤怒值，照出人们愤怒的扭曲状态，教人们控制愤怒情绪的方法……

### 🏛 小剧场

## 第一幕　愤怒导火线

【旁白：周五午饭刚结束，天天正在整理自己的备忘录，雨晨来到天天旁边，邀请她一起报名啦啦操课程。】

雨晨：天天，周五的拓展课跟我一块儿去学啦啦操吧，一定很有意思！

天天（正在整理自己的课桌）：啊？我打算去学乐高课呢。

雨晨：乐高课哪有啦啦操有意思，走吧走吧！我们可以一起学啦啦操！

天天（继续整理自己的课桌）：可是我觉得乐高更有意思……

雨晨：你是我的好朋友，你得和我一起呀！

天天：你为啥强迫我呢？这样算什么好朋友？

雨晨：亏你还是我的好朋友呢，连陪我一起去上课都不愿意！

### 第二幕　怒火中烧

（和雨晨冷战的好几天里，天天失去了往日的欢声笑语。没有了好朋友的陪伴，天天十分孤独和郁闷。这天回到家，天天开始继续捣鼓她的乐高作品，当她沉浸在乐高的世界里时，就能忘记很多不愉快。）

【旁白：妈妈下班回到家，皱着眉头看着天天的期中考试卷分数，准备找天天沟通一下期中考试成绩的事，等了好久没见着孩子出来，就开门进去了。】

☺ 画一画

现在，镜镜出现在天天面前，请大家画一画愤怒观测镜中天天的样子。

😐 演一演

面对雨晨的抱怨，如果你是天天，你的情绪感受是怎样的呢？你又会如何回复雨晨呢？请你扮演天天，完成对话。

雨晨：亏你还是我的朋友呢，连陪我一起去上课都不愿意！

天天：＿＿＿＿＿＿

妈妈：我当你在干吗呢，又在捣鼓乐高，怪不得考这么一点分数！

天天：不就是考差了一点吗……

妈妈：你还好意思说？我花那么多钱是让你去学习的，不是让你玩这玩意儿的。

天天：我又不是因为乐高考差的！我的事情我自己做主，你不用管！

【旁白：天天这几天心情本就低落，被妈妈一顿骂更加不耐烦。她觉得没有人能理解她，生气地朝妈妈大吼起来，爸爸下班回到家，恰好看到了这一幕。】

爸爸：你怎么这样跟你妈说话呀？不会好好说啊？

天天：为什么把怨气撒在我身上？一次考差又不代表每次都会考差。

爸爸：你都考差几次了，还有脸这样说？你看你们班陈宇轩，每次都能考前几名。

天天：我又没做错什么，为什么都要说我？我玩会儿乐高怎么了？

爸爸：你看陈宇轩到家就写作业，你还在这玩乐高，再玩我全给你扔掉！

【旁白：爸爸把桌上的乐高扔了出去，天天生气地流下了眼泪，径直走了出去，毫不理会爸妈在背后的呼喊。】

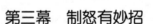

☺ 画一画

此时此刻，照一下镜镜，天天的情绪感受如何？与之前的愤怒小人比较一下，一样吗？如果还是不一样的话，你可以修改一下你的愤怒小人。故事中爸爸、妈妈哪些言语激怒了天天？

## 第三幕　制怒有妙招

感谢你开启了观测镜的魔力！眼看着天天、天天的爸妈以及天天的好朋友都深陷愤怒,懊恼不已,镜镜决定帮助他们练习愤怒控制术,让我们一起去看看吧!

【旁白:在外面转悠了一圈的天天,最后实在无处可去,天又开始下起了小雨,只好在镜镜的陪伴下回到家中。她忐忑不安,不知道将要面对怎样的情景。】

☺ **想一想**

镜镜的神奇魔力不仅在于可以观测愤怒值,还能帮助我们控制愤怒情绪。只要你说出5种控制愤怒的方法,就能开启它的这个魔力。试试看吧!

① ＿＿＿＿＿＿＿＿

② ＿＿＿＿＿＿＿＿

③ ＿＿＿＿＿＿＿＿

④ ＿＿＿＿＿＿＿＿

⑤ ＿＿＿＿＿＿＿＿

(爸爸正在家中焦急地来回踱步,等待孩子回来。看到天天回来后气又上来了。)

**爸爸**:你还知道回来?青春期孩子就是叛逆,你胆子越来越大了!

【旁白:天天听到爸爸的话害怕极了,此刻,观测镜赶紧出动,来到了爸爸的面前。】

**镜镜**:天天爸爸,你现在的愤怒值快要爆表了,达到9了哦!看看你现在的样子吧!

**爸爸**(看着观测镜里自己叉着腰,指着天天怒发冲冠的样子):啊?这还是我吗?

镜镜：你这是被愤怒扭曲成了这个样子！为了避免你继续被愤怒控制，激化矛盾，你现在需要使用暂停法。

爸爸：可是我控制不了，就想要大骂他一顿啊！

镜镜：实在难以控制时，我们可以离开这个空间。

镜镜（领着爸爸来到了阳台）：现在，环顾一周，数一数你眼前的物品有哪些颜色，数到10种就可以停了。

爸爸：绿色的叶子、红色的金鱼、银色的洗衣机、白色的校服、粉色的被单、咖啡色的桌子、黄色的板凳、黑色的鞋子、蓝色的洗衣液、米色的灯光……

（天天爸爸的愤怒值在数颜色的过程中慢慢从9下降到了6）

镜镜：现在，跟着我一起练习三次腹式呼吸。

爸爸（做了三次深呼吸）：刚刚堵在心口的气总算疏通了一点（外面传来了妈妈咆哮的声音），看来妈妈也需要你的帮助。

妈妈：你在学校都怎么学的？骂你几句就要跑！我们还不都是为了你好！

镜镜（来到了妈妈面前）：你现在的愤怒值已经达到8了哦！愤怒把你扭曲得十分夸张。

妈妈（看着镜中脑子被"太糟糕了"占满了的自己，再回头看看天天）：我知道我想得太糟糕了，可是天天现在连父母都不知道尊重，我真的不知道他再继续这样下去会变成什么样。

镜镜：其实是你感受到了不被尊重和失望，但是愤怒掩盖了你所有的感受，你现在需要使用"我的信息"表达法。

妈妈："我的信息"表达法？

镜镜：改掉愤怒之下全部以"你"开启的指责和埋怨，描述我的信息。试着用下面这个公式跟你的家人好好说话吧！描述"我"观察到的事件＋表达"我"的情绪感受＋提出"我"的需求和建议。

妈妈（想了一会）：今天在单位忙碌了一整天，跟同事交接任务的间歇收到了班主任发来你最近表现不好、成绩下降的消息。下班回到家想帮你找找原因，却看到你待在屋里不知道玩了多久的乐高，我的愤怒让我联想到所有最可怕的事态：你长大了，开始故意跟我们反着来了，心思再也不在学习上了！甚至对我们的关心也无所谓，再继续这样下去，你就要误入歧途了。作为你的妈妈，怎么能允许你这样下去？我真的希望你能多跟妈妈说说，我们一起让你的状态变好一点。

【旁白：天天看到了妈妈的疲惫和担心、爸爸的失望……原来他们的愤怒之下是这些，糟糕化的想法和指责让爸爸妈妈内心的关心变得无法靠近。同时，她也明白了，自己的话也同样激怒了爸爸妈妈，她有些懊悔。】

天天：妈妈，对不起！刚刚我打算玩一会儿就开始写作业的，你看到后就指责，这让我很委屈。我知道这次成绩下降了，我也会努力去提高的，你们不要总是看到分数就抓狂，我希望你能看到我真的在努力。

妈妈：可能妈妈今天太累了，妈妈也想听听你的学习计划和想法，希望你也多跟我们说一说爸爸、妈妈可以帮助你的地方。

爸爸：天天，无论什么时候，我和你妈妈都是最支持你的人，就是偶尔有些着急了，我们一起改变！

镜镜：太棒了！一家人的愤怒值都降到3以下了！

天天：谢谢你，镜镜！不过我还想请你帮一个忙……

【旁白：发现了镜镜的神奇作用后，第二天，天天带着镜镜来到了教室里。雨晨和她擦肩而过，彼此都没有说一句话。天天十分苦恼，不就是没一起报名上课吗？至于这样冷漠吗？】

镜镜：你好呀，雨晨！现在的你是不是很矛盾，你可以站到我的面前来，看看你内心真实的想法。

雨晨（迟疑着走到镜镜面前，看着观测镜中执意要求天天的自己）：

这……还是我吗？我明明是因为喜欢天天才提出邀请的呀！

镜镜：那是你的愤怒变成了支配，它已经让你忘记了初衷，你需要找到自己愤怒的原因，了解自己的愤怒点是什么需求没有被满足。

雨晨：我把天天当作最好的朋友，兴冲冲地找她一起去上课，她却不愿意。每次她想做什么，我都会陪她一起！她不仅拒绝了我，现在还对我不理不睬，看来是真的想跟我绝交了。

镜镜：其实天天跟你一样，也在懊恼中。好朋友就一定要答应对方的任何要求，要不然就一拍两散吗？这样的要求对彼此是不是都合理呢？

雨晨：我只有天天一个好朋友，我担心天天不陪我，我就要一个人了，所以我把一起去上课当成判断我们友谊的唯一标准，这样确实有些绝对化了。

镜镜（把天天拉到了雨晨旁边）：可是在天天的心里，即使不一起上课，你也是她最好的朋友呀！你们只是兴趣不同罢了。

天天（回想起那天面对雨晨邀请时的态度，有些不好意思地解释道）：雨晨，那天你邀我一起去上课的时候，我一直在找我的备忘录，有点不耐烦，对不起。我想我们各自选择自己喜欢的兴趣课不会影响我们的友谊，以后还可以一起交流分享，你愿意吗？

雨晨：是我把自己的喜好强加在你身上了，我错了。嗯，我们以后可以相互展示自己的学习成果，这样一定更有意思！

## 加油站

### 合理宣泄愤怒的方法

不当的愤怒发泄方式会给身心带来不利的影响，可能会伤害到自己，也会让周围关心爱护我们的人伤痕累累。因此，在愤怒的时候，我们需要通过一些不伤害自己和他人的健康方式来宣泄。

（1）运动法。

去操场或楼下跑一圈，用汗水把内心的愤怒排解出去。

（2）撕纸条法。

把让自己生气的事情和感受写在纸条上，然后把纸条撕成小块。

大家有什么高招来管理自己愤怒的火苗呢？一起来找找适合自己的方法吧！

### 游戏吧

每个人都是独立的个体，有别人不知道的愤怒雷点，我们也可能在无意中踩中别人的雷点引起矛盾，让我们把自己和自己身边重要人物的雷点标记一下，为我们的生活排排雷吧！

| 人物 | 雷点 | 事件 |
|---|---|---|
|  |  |  |
|  |  |  |
|  |  |  |

（上海市控江初级中学　朱捷）

# 下 篇

　　我们一天天长大，身形已经接近成年，肩上也有更多担当。在展望未来、决策当下的时刻，情绪也在悄悄继续积蓄它的力量。与情绪握手，与情绪并肩，让情绪与饱满的生命共舞！

# 幸福很简单

🔑 **心钥匙**

幸福情绪；情绪发展；积极心理学

🔦 **聚光灯**

我叫胡杉杉，我应该是班里最不幸福的人。看着同学们在朋友圈里分享的周末生活，真是多姿多彩，他们脸上都洋溢着幸福的笑容，而我……真的不知道周末除了学习还可以做些什么……好无趣啊……我的生活，怎么一点儿也不幸福？

🙂 **想一想**

胡杉杉向往的是什么情绪？请写出这种情绪的名称：_____。

111

### 亮相台

胡杉杉：一个追逐幸福、向往积极生活、有些"小傲娇"的女孩。

程静：胡杉杉的闺蜜，一个热情、直爽、大大咧咧，喜欢用镜头记录生活的女孩。

### 小剧场

## 第一幕

【旁白：周五放学后，空荡荡的教室里，胡杉杉独自坐在椅子上，双手托着下巴发呆……】

程静：同学，你幸福吗？

胡杉杉：不好意思，我姓胡！另外，请你把摄像头拿开，我不想被拍。

程静：哎哟，给我拍一段嘛。

胡杉杉：我正烦着呢，别来烦我了。

程静：大姐，你这次考试的总分可是班级第一啊！我倒数第三都没烦，你有啥可烦恼的？

胡杉杉：对啊，我也很好奇，你都考成这样了，为啥还能这么乐呵？

程静：因为它（指了指摄像机）。

胡杉杉：这个破摄像机？能干吗？

程静：什么破摄像机？会不会说话？这是我的宝贝，拍视频是我人生中最开心、

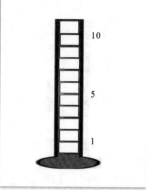

**涂一涂**

胡杉杉对这种情绪的向往程度有多强？请你涂一涂。

**想一想**

你幸福吗？你理想中的幸福是什么样的？请用三个形容词描述一下。

_____

_____

112

最幸福的事情了!

胡杉杉:不懂,完全无法理解。拍视频能提高你的成绩,还是能帮你发家致富啊?

程静:姐姐,你真是读书读傻了,娱乐懂不懂?劳逸结合懂不懂?不是做什么都要有目的。娱乐没有目的,只是为了心情愉悦!

胡杉杉(翻了个白眼):我爸妈说过,只有好好学习才会有幸福的人生。

程静:那请问"你现在幸福吗?"

胡杉杉:我……我……未来一定会幸福的!

程静:我们是活在当下的,不活在过去和未来。现在都不幸福,谈未来又有什么意义呢?

胡杉杉:程静!你非要和我抬杠对吗?

程静:嘿嘿,消消气,消消气。你现在反正闲着也是闲着,不如和我一起去完成前期采访吧?

胡杉杉:什么采访?我不想去。

程静:班主任今天不是说了吗,学校要拍一部《幸福校园》短片,我不仅接下来了,还特地推荐你和我一起做。

胡杉杉:自作主张!

程静:某些好学生啊,考了好成绩就开始嫌弃自己的闺蜜了,人心不古、人心叵测、人心……

胡杉杉：又来……别念了！程长老，你别念了！陪你去就是了。

程静：好，我打住，但是说正经的，前几天我就觉得你不对劲了，要么发呆，要么喊无聊。既然你觉得自己不幸福，我们就去采访几个觉得自己幸福的同学，看看在他们身上能不能找到让你幸福的灵感。

胡杉杉：好吧……试试看吧。

## 第二幕

【旁白：在学校的录播教室里，程静架好摄像机，叮嘱了胡杉杉采访时的注意事项。随后的2个小时，她俩完成了幸福访谈。回到剪辑室后，她们开始剪辑和讨论……】

程静：怎么样？听了这么多同学的幸福瞬间，有没有发现，幸福还是挺简单的？

胡杉杉：我觉得好傻啊！

程静：什么好傻？

胡杉杉：你看，刚才那个谁，说他的幸福瞬间是数学终于考合格了。这很幸福吗？我真不觉得！

程静：你啊你，又开始"凡尔赛"了，又被你装到了。人家老李开学3个月终于及格一次了，当然会感到幸福啊！

胡杉杉：那你记得莎莎说的吗？她的

☺ **想一想**

　　你支持程静的做法吗？

支持　　反对

支持程静的理由：

_____。

反对程静的理由：

_____。

**涂一涂**

　　此时此刻，胡杉杉对幸福的向往有多强？请你涂一涂。

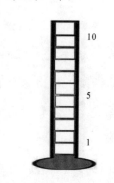

幸福是放学能吃一顿炸鸡。我都惊呆了，这算个啥？

程静：我也觉得吃炸鸡挺幸福的啊，嘿嘿！

胡杉杉：呵呵！所以你俩一个倒数第三，一个倒数第四，一样傻！

程静（捏脸）：胡杉杉，我发现你现在学会人身攻击了啊！

胡杉杉（挣扎）：别捏我！脸都给你捏大了，没轻没重的！

程静：谁让你跟我抬杠啊！你说，婷婷一口气吊到8个娃娃，难道不算幸福吗？

胡杉杉：大姐，花了100元才吊到8个娃娃，网上批发估计可以买到四五十个呢！

程静：人家消费的是体验，活该你每天无聊！

胡杉杉：说实话，我感受不到你们整天傻乐的点在哪里。你看我刚才记下的都是啥啊？剪了一个满意的发型、大冬天泡个热水澡、玩一下午拼图、把头埋在桶里吃爆米花……我光是想想就觉得傻透了，一点儿也不幸福。

程静：我终于发现你不幸福的原因了。在幸福这件事上，你是思想上的巨人、行动上的矮子啊！我敢打赌，上面这些事情你都没有做过！你没资格说他们不幸福！

胡杉杉：呃……这么傻的事情不做也知道结果啊，怎么会有幸福体验？

程静：好吧！我想问你，这几天游泳课教的动作都会了吗？

胡杉杉：学会了啊，为什么问这个？

程静：也就是说，你可以独立下水游泳了对吧？

胡杉杉：嗯……还是……有点困

难的。

程静：那就对啦！脑子和身体是不一样的，你不去尝试，又怎么知道哪件事会让你幸福呢？

胡杉杉：好吧，我被你说服了。你说得有道理！

程静：明天正好周六，你的一天归我了，我保证你能过得幸福！

## 第三幕

【旁白：周六中午，在幸福广场的一楼，两个向往幸福生活的小伙伴，将开启对幸福生活的全新认知……】

程静：杉杉，这是我们今天的幸福计划单。

胡杉杉：我表示怀疑。

程静：别废话！先做第一件事！

胡杉杉：第一件事？

程静（拉起胡杉杉就冲了出去）：对！吃炸鸡！我肚子饿死了！

胡杉杉：你走慢点！

【旁白：在程静的带领下，胡杉杉吃了"不健康"的炸鸡，吊了"不划算"的娃娃，偷偷做了"不允许"的美甲，以及"不顾形象"地疯了一个下午。最后，两人累瘫在街边的长椅上傻笑……】

程静：怎么样，今天玩得爽不爽？开心不开心？

胡杉杉：小静子，真有你的啊！我好久没这么放松、没这么开心了。原来周末可以这么玩啊，我很满意！

程静：是啊，小杉子。幸福其实很简单的，就是没心没肺地吃吃喝喝、玩玩闹闹。

☺ 想一想

　　如果让你来代替程静写《幸福计划单》，你觉得哪些事是必须做的呢？

_____

_____

_____

胡杉杉：不！

程静：你要气死我啊！我白陪了你一下午？

胡杉杉：我想说的是，无论是学习还是像今天这样"瞎玩"，之所以有时候会觉得很有趣、很幸福，是因为有最好的朋友陪着我，有被支持的感觉。之前，我一个人也这样做过，但总有"罪恶感"萦绕着我，幸福感也就被冲淡了。

程静：杉杉，有良心了啊！老母亲我很欣慰！

胡杉杉：又占我便宜！说正经的，每个人的幸福可能不一样，但我觉得和你、莎莎、婷婷她们在一起，真的会很安心，这可能是属于我独有的幸福吧！

程静：嗯，你感动到我了！其实我能一直做一个快乐的人，也离不开你对我的包容和帮助。怎么样，现在感到幸福了吧？

涂一涂

胡杉杉此时的幸福感有多强？请你涂一涂。

10

5

1

胡杉杉：嗯！

程静：其实幸福真的很简单，就在我们身边，就在我们唾手可得的指尖。每个人都可以找到让自己幸福的方法，一旦感到幸福了，人生也就蓬勃起来了！

胡杉杉：你说得很对！幸福的确就在"身边"，每次给你讲题，也是我的幸福之一。

程静：杉杉，你可不能过河拆桥啊！说好玩一天的！

胡杉杉：小静子，已经玩了一天了，该回去看书了！我答应过你爸妈的，今天要把这些题都给你讲会！

程静：交友不慎啊！

**选一选**

胡杉杉通过以下哪种途径收获了幸福？（多选）

A. 积极情绪

B. 全心全意投入

C. 人际关系

D. 成就感

E. 人生意义

## 加油站

### 幸福"三步曲"

#### 1. 听我说

幸福是一种能让个体长期感到满意的主观情绪体验。著名的积极心理学之父马丁·塞利格曼（Martin Seligman）认为，幸福由五个要素构成，分别是积极情绪、心流（全心全意投入）、人生意义、人际关系和成就感。换言之，个体可以通过这五个要素获得幸福体验。

幸福是个体心灵健康成长的基础心境，对个体的认知与社会能力的发展起到了非常重要的推动作用。一旦让幸福充满我们的生活，我们的内心就会充盈起来，人生也会蓬勃起来。

因此，认识幸福、掌握获得幸福的五大方法，是儿童青少年心理健康成长的重要一课。

**想一想**

你的幸福主要来源于：_____

它属于幸福五要素中的哪一种或哪几种？

_____

2. 看我做

(1) 发展兴趣爱好。

兴趣爱好是我们工作之余最好的伙伴。它能让我们放松、投入，有时还会获得一些独有的成就感，甚至也可能成为我们发展人际关系的重要途径。但值得注意的是，尽可能让兴趣爱好与本职工作无关，这样它才能真正地成为我们幸福的源泉。

(2) 与喜欢的人在一起。

经常与自己喜欢的人在一起，可以是朋友、同学、兄弟姐妹、父母长辈等，只要是你喜欢的人都可以。心理学研究发现，与喜欢的人在一起，本身就会让我们体验到幸福感。如果还能与喜欢的人有一些共同的经历，幸福感会更加持久且深刻。

(3) 全心全意地投入。

在这个快节奏的社会里，我们很少也很难慢下来，全心全意地投入在一件事上，这也是我们缺失幸福感的重要原因之一。尝试摒除杂念，全心全意地去做一件事，不去想结果如何，心中只有此时此刻，且享受此时此刻，你就会收获一份名为"慢乐"的独特的幸福体验。

3. 跟我练

(1) 填写"每天一乐表"。

**每天一乐表**

| 序号 | 1 | 2 |
|---|---|---|
| 日期 | | |
| 事件 | | |
| 幸福值（1～10） | | |

通过填写"每天一乐表"来记录一天中最能让自己产生积极情绪的事件，逐渐培养自己发现幸福的认知习惯。通过记录，也能加强有关幸福的记忆，形成积极的记忆偏向。

（2）做三件好事。

每周督促自己去做三件好事，并感受通过做好事产生的幸福体验。

---

☺ **写一写**

　　罗列能让你感到幸福的五件小事。

_____

_____

_____

_____

---

（同济大学第一附属中学　陈超）

# 防内卷指南

## 🔑 心钥匙

内卷；学习心理；焦虑情绪

## 💡 聚光灯

"我"叫李平，长相平平，家境平平，成绩平平，是一名平凡得不能再平凡的学生。不过，我有两个王者好友。一个叫王倦，人送绰号"卷王"，常年占据年级第一的宝座，抓紧一切时间拼命学习。另一个叫何靖，体育生，自封摆烂精英，对学习缺乏兴趣，但各种玩乐都知晓一二。在这个内卷的世界里，他们一个疯狂地卷，一个舒服地躺。

😊 **想一想**

体会主人公的烦恼，试着用词语来描述他的情绪，并在情绪温度计上标出情绪的强度。

情绪名称：＿＿＿＿＿

情绪强度：

10

5

1

我呢，大概是想卷的，可真的要不停地看书刷题，真的要把所有的时间都用在学习上嘛，我又觉得没有意义，也卷不动。我大概也是想躺的，可真的要什么都不做，就静静地等待时间的流逝或是沉溺于游戏和短视频中嘛，我又不甘心，也躺不平。于是，我仿佛陷入了无休无止的纠结与精神内耗中，我的答案在哪里？

## 亮相台

李平：故事主角，一名平凡得不能再平凡的学生。

王倦：成绩年级第一，口头禅"只要卷不死，就往死里卷"。

何靖：热衷玩乐，是李平的好友，口头禅"青春就是用来挥霍的"。

童俊：李平的学长，毕业多年，回校参加学校专业巡礼活动，分享自己的生涯故事。

> 😊 **想一想**
>
> 你有没有与李平相同的烦恼，这时你处在什么情绪中呢？试着给你的情绪命名并标出情绪的强度。
>
> 情绪名称：＿＿＿＿＿
>
> 情绪强度：
>
> 10
>
> 5
>
> 1

## 小剧场

### 第一幕

【旁白：学校篮球场上，王倦、何靖和李平正辗转腾挪，挥汗如雨。】

何靖：歇会吧！

王倦和李平（异口同声）：好！

【旁白：三人席地而坐，王倦喝了两口水，迅速从包里抽出一张数学卷开始刷题。】

何靖（目瞪口呆）：卷王，不要这么卷嘛，运动间歇都刷题啊，这脑子转得过来吗？

王倦：运动后思想容易集中，正是刷题的好时候。"只要卷不死，就往死里卷。"此时不卷更待何时？可惜在这里做，到底还是断断续续的，回家以后我要掐着时间再刷一套。

何靖：你太夸张了吧，我看你是上课刷，下课刷，休息时刷，回家还刷，好好的青春年华你只用来刷题，这不是浪费资源吗？青春应该是用来挥霍的呀！我这种体育生是卷不过你们这种人喽，还是躺平吧，专心致志做我的摆烂精英。（说着就躺在了地上。）

王倦：这就是一个卷的时代，你不卷能考上好大学？不卷能找到好工作？不卷能有好前途？你说是吧？李平？

李平（正在一边喝水一边沉思）：啊？（愣了一下）虽然不想承认，但是王倦说得有道理。只不过我还是做不到像你那样，从早到晚不停地学，的确有点没意思，而且也实在卷不动。

何靖：对吧（拉着李平一起躺下），卷王岂是一般人能当的，欢迎来到我们摆烂世界，享受躺平的欢乐。

李平（躺在地上觉得浑身难受，禁不住坐起来）：可是躺平我也难受，青春真的是用来挥霍的吗？那未来怎么办？不学习就能开心吗？为什么躺着我也发愁啊……（猛抓了几把头发）

王倦（停下刷题的笔）：你有问题悬而未决，自然就会发愁，想清楚、有答案就不愁了。天都要黑了，回教室吧！

【旁白：三个人拿着球往教学楼走，李平还是心事重重。这时，他们看到了学校专业巡礼活动的海报。】

何靖：你们看，明天有专业巡礼，这次有十几位学长学姐回校分享，可以自由挑选自己感兴趣的专场去听，你们选哪场？

【旁白：李平听他这么一说，开始仔细地看起海报来。】

王倦：我选童俊那一场，他是那年学校的第一名，一定有很多学习经验分享，我要去听听。

何靖：让我看看他的主题——破"卷"而生，追梦而行。哈哈，学霸破"卷"，我看虚伪得很，我要去揭穿他的真面目。

李平：真的有破"卷"的方法吗？找到解决问题的方法，我就不会那么愁了吧？我也去听这场。

【旁白：三人打定了主意，向教学楼走去。】

😊 **想一想**

你同意王倦的观点吗？当生活中出现问题时，我们可以有哪些应对态度？如果问题解决不了怎么办？

## 第二幕

【旁白：第二天一下课，李平就匆匆赶往活动地点阶梯教室了，有一些同学已经坐在里面了。】

王倦（招手）：李平，精英，这边，我给你们留了座。

李平：谢谢啊（跻身过去），你来得真早，不愧"卷王"名号。

何靖：是啊，不过别叫我"精英"啊，叫我摆烂。你这样断章取义，把我的精华去掉了。

李平："摆烂"，你心态真好，要我就算真摆烂了，也不喜欢别人这么叫我。

王倦：好了，学长来了！

童俊：大家好！我是童俊，曾经和大家一样在这里就读，今天很高兴来分享我的故事。我知道今天的专业巡礼有十几个专场，在座的各位挑选了我的专场，真是荣幸之至。有没有人愿意说说你想在今天的活动中听到什么内容？

王倦：这是一个内卷的时代，我想知道学长作为学校当年的第一名是如何应对这种内卷的？

李平（看向王倦，心中默语）：卷王真是全方位卷，在活动中也这么积极主动。

何靖：对啊，学长是第一名，是当时的卷王，今天的主题还是破"卷"，是不是有点假啊？

李平（看向何靖，内心独白）：精英也有自己的观点。

童俊：谢谢两位同学，一下子就说到了今天的主题！没错，在很多人眼中，这是一个内卷的时代。在大家看来，什么是内卷呢？面对内卷，你是什么样子的？

王倦（摆出拼命刷题的样子）：内卷就是大量的人争抢有限的资源，所以要想获胜，就必须不断地加倍努力。

何靖（摆出不屑一顾的样子）：内卷就

😊 **想一想**

身处内卷中的李平是什么样子的？如果用一个姿势来定格李平内心的挣扎，你会如何摆？试着摆一摆或者画一画。

是盲目地去做一些没有价值的事，浪费时间，浪费资源。

李平（摆出思考和烦恼的姿势）：内卷是什么呢？（转圈）内卷是一个漩涡，就这样把我卷了进来，找不到属于自己的方向；在不断地旋转中挣扎（做出向上的动作），想要往上透口气，却硬生生又被拉回了漩涡里；想要不管不顾不再动弹（停下动作），却很快又被转起（再次旋转起来）。

童俊：同学们说得真好！内卷最早是指人类社会在一个发展阶段达到某种确定的形式后停滞不前，或是无法转化为另一种高级模式的现象。就像智能手机自发明以来形态就没有发生过根本性的改变，只是处理器越来越先进，摄像头越来越多罢了。后来这个词的含义外溢了，人们将其引申为同行间为了争夺有限的资源而付出更多努力，结果个体收益努力比下降的现象。我们的确在面临这样的困境，想要破"卷"，我觉得要在时代的漩涡中找到自己的位置，写出一个大大的"我"（在黑板上写了一个"找"字，然后用红笔在左上角补上一撇，形成一个"我"字）。以下是我的故事。

---

**二 试一试**

试着先写一个"找"字，为它添上一笔，变成"我"，体会一下"寻找自己"的感觉。

---

【旁白：童俊开始分享自己的生命历程……】

何靖（内心独白）：原来学长从小是个军事迷，经历了从兴趣到志趣的过程，在这个过程中也有许多迷茫和彷徨，但他始终没有放弃，一直在寻找着自己与世界之间的联结点。

王倦（内心独白）：原来学长的生活中不仅有刷题，还参加了长跑比赛，去公安博物馆做讲解员，在丰富的体验中寻找自己，去探索和实践，只为成为期待中丰富的自己。

李平（内心独白）：原来我们的生活可以有自己的定义，也可以追逐自己的热爱，积累自己的能力。社会实践活动、课题研究不只是任务，也可以成为探索自己的工具。

童俊：爱因斯坦曾说："所有困难的问题，答案都在更高层次。同一层次的问题，很难靠同一层次的思考来解决。"关于内卷的答案，不是只有内卷与躺平这两端。也许我们无法停下内卷的浪潮，却可以用属于自己的姿态来做一个乘风破浪的破"卷"人。如果是你，你会有怎样的破"卷"姿势呢？

王倦（做出上楼的姿势）：我刷的题、做的卷子只是我的阶梯，我要奔向真正期待的远方。

何靖（一把拉过王倦，与他勾肩搭背）：并不是只有把学习丢下才有欢乐，我也要追求高级的兴趣，让我想想我的兴趣里有没有可以成为志趣的。

李平（从旋转中缓慢停下，单手指向远方）：我的漩涡里一定有属于我的出口，我现在就要开始寻找，找到我的热爱，为之努

**想一想**

如果用一个姿势来定格李平的破"卷"之法，你会如何摆？

力，为之奋斗。我不是被漩涡裹挟的人，我是冲破桎梏的自己。

【旁白：专业巡礼活动在热闹中落下了帷幕，但那个"我"字牢牢地印刻在了三个人心中。】

## 第三幕

【旁白：课间休息，何靖看到李平的桌上放着一叠纸，他正在一边浏览一边奋笔疾书。】

何靖：平平啊，你这也开始卷了啊！这么多卷子，让我看看，你在做什么？咦，职业兴趣倾向测试，这是我们之前做的那个……

李平：没错，就是学校给我们做的职业兴趣、性格和能力的测试结果，我打印出来了，正在比对共同点。我想找到一个方向去做一些探索。这不是要报暑期社会实践项目了吗？我看看能不能像学长一样和自己的理想方向联系起来。无论卷不卷，先有个属于自己的方向。

何靖：可以呀，咱平平现在不一样了呀！

李平：嗯，不是想着像王倦还是像你，而是在另一个层次上找到答案。嗯，那什么，找到我自己。

何靖：可以啊，有办法果然不发愁了啊！

李平：不敢说不发愁了，生活嘛，总会有点愁，只不过，我想先试试现在的我可以做到哪里。如果左右摇摆，什么都不做，还是会陷在烦恼里的。先找方向努力，如果卷不动了，我就躺会，谁说不能仰卧起坐呢？

何靖：你说得对呀！

李平：咦，你手里是什么呀？

何靖：市运动会的报名表。咱可是体育生中的精英，要为校争光去了。倒是卷王呢，怎么没在教室里刷卷子？

李平：他去咨询少科站活动的流程去了，说要确定一下自己的科研方向，卷对方向，一卷到底。

何靖：哈哈，看来大家都很忙呀！

**想一想**

你感到的内卷是什么样的？试着用姿势来摆摆身处内卷中的你是什么样子的，感觉一下自己有什么样的体验。如果想让自己感觉好一些，可以怎样变换姿势呢？

**想一想**

再来评估一下李平的情绪程度，你觉得有变化吗？你觉得他是如何做到的？

情绪名称：

_____

情绪强度：

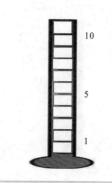

10

5

1

李平（面向观众）：有两个好朋友真好呀，但我不想像他们一样，也不可能像他们一样，我要走一条属于李平的道路，就叫它"平凡之路"吧！那么你们呢？找到自己的内卷应对指南了吗？

### 加油站

#### 防内卷"三步曲"

**1. 听我说**

青少年应对生活中的问题一般情况下有四种选择：一是使用问题解决技巧来解决问题本身；二是使用情绪管理技巧来改善对问题的感受；三是使用痛苦耐受和正念技巧来接纳问题的存在；四是什么都不做，从而陷入痛苦之中。聪明的你一定会结合具体实际情况，选择前面三种方法。当问题能够被解决时，那就努力尝试去解决它。如果问题无法解决，则尝试接受问题的存在，妥善管理行为以及相应的情绪反应。

**2. 看我做**

面对内卷带来的焦虑感，我们可以怎么做呢？以下方法可以试一试。

（1）描述问题情境，评估情绪强度。

了解问题核心是什么，比如李平遇到的问题，身处内卷的环境中，对于自己的行动方向感到迷茫而焦虑。你有类似的问题吗？强度有多高呢？对你的学习和生活有怎样的影响？是否需要调整呢？

（2）检验认知，适当调整。

如果你觉得需要调整一下，那么可以先尝试探索一下在这种情绪状态下自己的想法是什么样的，有没有极端化、灾难化等不合理的想法。如果有，通过调整想法就能改善情绪。例如，如果李平因为自己一直很焦虑从而陷入精神内耗中，认为自己一事无成、毫无希望，那么这些想法里就有极端化的不合理认知，我们可以通过觉察这种想法并加以驳斥与改变来帮助自己。其实，有这样的焦虑情绪非常正常，这恰恰证明我们在寻找属于自己的进化之路。理解情绪带给自己的意义，有时就已经能够走出情绪的牢笼。如果不行，还可以试试从行动层面寻找解决问题的方式。

😊 **想一想**

　　如果你身处这种情绪中，你有哪些应对情绪的方法？

————————
————————
————————

（3）确认一个简单实际的问题解决目标，探索解决之道。

"内卷"是一个很复杂的问题，如果着眼点在解决时代困局上，那对于学生而言可太困难了。不妨思考一下，为自己找到一个破局的小目标，比如李平的破"卷"思路是通过生涯规划与实践的方式找到自己的成长路径，他准备做的第一件事是回顾和总结自己的生涯测评报告，然后合理地选择自己的暑期社会实践项目，这件事就是一个具体可行的行动目标。破"卷"之路就是这样通过一个又一个行动完成的。尝试着将大目标拆解成小目标会更有利于你切实展开自己的问题解决之旅。

（4）学会耐受焦虑来袭。

有时找到解决之道并加以实践就能改善情绪，有时则可能因为问题无法立刻或是完全得到解决，从而产生焦虑情绪。例如，面对"内卷"带来的焦虑，一劳永逸只怕很难，即使明确了努力的方向，在破"卷"的过程中，焦虑依旧容易出现。但是，我们可以通过及时觉察焦虑的感受与影响，采取多种方式来管理好情绪。例如，养成良好的生活习惯，通过健康饮食、锻炼和睡眠来减少情绪的易感性；在日常生活中多做一些让自己快乐的事，有意识地增加积极体验；在面对可能会产生焦虑的情境前，做好应对的准备；当焦虑强度过大时，用其他的想法、感受和行动来转移注意力等。

3. 跟我练

想想你所在的内卷世界，你可以如何找到自己的破卷之法呢？试着按照上面的方法练一练。当然，你也可以选择其他会触发你焦虑情绪的情境进行练习。祝你成功！

（上海理工大学附属中学　甘志筠）

# 林云的秘密

## 🔑 心钥匙

内疚；释怀

## 🔦 聚光灯

"林云，你是一个好学生，绝对不能让别人知道你作弊了！"

"林云，你良心上过得去吗？明明是你作弊，却让丁强'背锅'？"

"就一次！没关系的，林云！反正丁强平时没少干坏事，他应该已经习惯被批评了吧！"

"林云啊，林云，不是只有成绩单上的分数高才是好学生。你一直自诩是一个正直的人，今天怎么了？"

"好啦！你们不要再说了！"林云大喊道。

全班几十双眼睛看向这三个人，说鸦雀无声吧，似乎几十双眼睛说明、说透了一切，甚至连正在争执不休的老师和丁强也停了下来，但眼里却又好像说了什么……

😊 **想一想**

根据你的判断，林云主要受到了什么情绪的困扰？

_____

### 亮相台

林云：一个自信阳光的女孩，成绩优秀，对自己要求很高，是一个颇受同学和老师喜欢的班长。

林云一：林云人格中的正直的部分，对自身有较高的道德标准要求，追求完善的境界。

林云二：林云人格中的自我保护的部分，善于为自己辩解，追求尽量以合理的方式满足自己的要求。

丁强：林云的同班同学，不爱学习，成绩较差，桀骜不驯，经常违反班规校纪，不受老师和同学的欢迎。

### 涂一涂

你觉得林云的这种情绪此时大约处于什么程度？请你涂一涂。

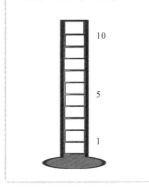

### 小剧场

## 第一幕

【旁白：考场中，大家都在紧张而认真地埋头做题。林云今天非常焦虑不安，因为这次考试会决定谁能获得高考加分。对于一向优秀的林云来说这本不是难事，可是她从昨天早上开始发烧，头晕眼花。担心发挥失常的她决定铤而走险。】

（林云哆哆嗦嗦地偷拿出自己夹带的小纸条，可是从没有作过弊的她异常紧张，手一抖，纸条飘落在地，不巧正好掉到了前排男生丁强脚边，被他无意踩住了。就在林云

### 想一想

你是否有过引发这一相同情绪的类似经历？当时那份内疚给你带来了怎样的感受和影响？

不知所措时，监考老师走过来了。）

老师：丁强，你脚下的东西是什么？

（丁强一脸茫然，低头看自己的脚。）

老师（捡起纸条，看后脸色严肃）：丁强，你给我解释一下，这是什么？

丁强（依然一脸茫然）：我也不知道。

老师：丁强，你平时就总是不遵守校纪校规，每次也总这样装无辜！这白纸黑字的纸条不是你的，你说是谁的？

丁强：我怎么知道？反正不是我的！

老师：你这是违反考场规则，取消你这场考试的资格。

丁强（涨红了脸）：我没作弊！！！有人陷害我！哼，别让我找到那个人，我一定不会放过她！

老师（非常生气）：你自己做错了事情，还这样口出狂言！现在马上出去，离开考场！

丁强（气呼呼地说）：哼，不考就不考！说完就跑了出去。

老师：真是不像话！好了，其他同学继续考试吧！

（考场又恢复了平静。林云震惊地看着这一切，不知所措。最终，她还是沉默了。考试结束后，同学们开始对刚刚考试中的风波议论纷纷。）

同学甲：不知道丁强现在怎么样了，学校会怎么处理他呀？

同学乙：他作弊，当然是请家长，贴白榜，记大过！

同学甲：可是我看他当时那反应，好像是被冤枉的！

同学丙：有谁敢去陷害他呀，他那不讲理的性格不惹人就很好了！

同学乙：就是就是，陷害他干吗呀！他成绩本来就垫底，谁会把他当成竞争对

想一想

根据你的经验，你觉得哪些事情最容易引发内疚？

手？再说他平时就不守校纪校规，不遵守考试规则也很有可能啊！

同学甲：嗯，有道理，看来这次丁强惨了！

（一旁的林云听完同学们的议论陷入激烈的思想斗争中，在她耳边出现了两个自己，两种声音。）

林云一：去认错吧！告诉老师你才是那个违反考场规则的人，不是丁强。

林云二：不，不可以让人知道！那样同学们会怎么看你？老师们会怎么看你？

林云一：那样丁强就会一直被误会，这对他不公平啊！

林云二：他一向不守规矩，受批评是家常便饭，虱多不怕痒，而且这场考试本来就对他没什么用，说不定他本来就不想考呢！

林云一：那至少应该向他道歉。

林云二：拜托！你是班长，平时总管着他。要向他道歉怎么开口呀？再说了，你没听到他的话吗？他可能不仅不会原谅你，还会报复你。

林云一：可是……可是……

林云二：别可是了，我们以后对丁强好一点当作补偿不就行了。

这件事情就让它成为秘密吧！

（两个声音消失了，林云重复道："就让它成为秘密吧！"）

## 第二幕

（早读课上，林云带领着同学们认真地朗读课文。琅琅书声中，一阵游戏音乐夹杂其中，显得格外刺耳。大家循声看向了源头——丁强正在打手机游戏。）

同学乙：又是丁强！自己不读书，还要影响别人。

同学丙：他真是太过分了。学校不准带手机，他还光明正大地打游戏。

同学乙：报告班长！丁强他不早读，玩手机游戏！

林云：丁强，把手机交上来！

丁强（白了她一眼）：凭什么听你的？你凭什么管我！

（听闻此言，林云一顿，又陷入矛盾中）

林云一：是啊，你凭什么管他呀？

林云二：我是班长，他有错当然要管！

林云一：是啊，他有错，可是你也有错。你没有资格训他！

林云二：上次考试你因为那件事情方寸大乱，考砸了，已经受到惩罚了，不是吗？而且你为了那个秘密已经对丁强忍让多次了，这次他确实过分了！

林云一：你没能还他清白，终究是你的错。

林云二：算了算了，那还是睁一只眼闭一只眼，让他去吧！

林云（对同学们说）：不要管丁强了，大家继续早读。

同学甲：咦？班长怎么回事呀？以前这时候她不是早就冲过去收他手机了吗？

同学丙：对哦，班长最近真奇怪，好像对丁强特别松，上次丁强上课睡觉她也没记他名字。

同学乙：她这样不公平，下次我也不听她的了。

（面对同学们质疑、疑惑的眼神，林云心头很不是滋味，一个声音再次响起。）

林云一：你是班长，却因为私心对错误的行为不制止，以后还怎么服众？怎么管理班级？你纵容丁强很多的错误行为，这样不是对他好，不是补偿，这是不对的。因为那个秘密，你一错再错，不能再这样下去了！

林云（坚定地点头）：我不能再这样下去了！我不想要保守这个秘密了！

## 第三幕

（心理咨询室中，林云将压在心头的秘密向心理老师倾诉了出来。）

林云：老师，我快被这个秘密折磨得发疯了！

老师：我明白，你因为这个秘密饱受内疚之苦，一直无法释怀，对吗？

林云：是的，我很内疚，可我不知道怎么办。老师，你帮我想想办法吧！

老师：别着急，让我们来好好面对自己，梳理一下你的思绪。当你搞清楚自己的情绪、自己的想法后，也许答案就浮出水面了。

林云（点头，继而叹气）：老师，你说我是不是特卑鄙、特可恶？

我觉得自己糟透了！

老师：我觉得你会如此内疚自责，恰恰说明你没那么糟糕。因为内疚是良知的报警器。你会内疚，正说明你有责任感，有道德规范，有是非观念。

林云：老师，我是不是应该继续维护着这个秘密？也许时间可以冲淡一切。

老师：你觉得可以吗？

林云：好像很难！我一直在尝试，可是随着时间一天天过去，我心里的内疚感一点也没消失，反而越来越强烈。我不敢去面对丁强，也不敢去制止他的那些错误

想一想

你觉得林云在经过辅导后内疚感强度是否会有变化？请涂一涂。

行为。我自己都看不起自己。每天我都在想这件事情，生活和学习都受到了很大的影响。

老师：一般的内疚可以成为拯救个人行为的英雄，而过度内疚则会成为心灵的毒药，给我们的生活带来伤害。除了造成情绪困扰，内疚还会阻碍我们的注意力，不能专心做事，不能发挥出个人的能力，过度的内疚还会削弱我们和自己伤害过的人的沟通，有时还会让我们用自我惩罚来缓解内疚感，所以过度的内疚是需要及时调适的。

林云：那我该怎么调适？

老师：我们可以尝试自我原谅和有效道歉。

林云：自我原谅？

老师：是的。自我原谅绝不意味着我们的错误行为是应该被接受或遗忘的，相

想一想

请你为林云支招，还有什么好办法可以帮助她释放自己的内疚？

反，自我原谅是一个自我觉察的过程，目的是与我们的错误行为逐步和解。每个人都会犯错，都有可能有意或无意地伤害到别人，你也是。你要接受会犯错的自己，给自己改正的机会。

林云：嗯，我的确是不太能接受自己犯这样的错，所以一直陷在自责内疚的情绪里，找不到道歉的方法。

老师：真诚地道歉，明确承认自己的行为是错误的，违反了哪些规范，并保证以后不会再犯，让对方感受到你对自己的错误有清楚的认识和悔意，并提出合理的补偿方式。其实你已经清楚地认识到了自己的问题和影响，相信要做到这些并不难。

林云：我明白了，我想我不能只专注在内疚上。谁都会犯错，但只知道错是不够的，主动认错并改正才是最重要的。我想我知道该怎么做了！谢谢老师，我先走啦！再见！

（林云向老师挥手，转身离去，脚步轻盈，宛如她的心情。）

### 加油站

## 清理内疚"三步曲"

**1. 听我说**

内疚是一个人的所作所为对他人产生了伤害性的影响，并认为自己对此负有责任时产生的一种带有痛苦、自责的情绪。当你的内疚被具体的事件唤醒时，你的道德情感同时被唤醒，内疚会促使你去回顾这个事件，反思自身的行为，重新评价自己的表现。内疚提示我们已经做了或即将做出一些违反我们个人标准，抑或是直接或间接地对别人造成伤害的事情。内疚也会成为你重新调整行为、采取补偿行为的动机和力量。很多时候，我们在面对自己的内疚之情时就是一个自我道德净化的过程，它促使我们审视道德上的理想自我，并进一步调整现实自我与理想自我之间的距离。

一般内疚可以成为拯救个人行为的英雄，而过度内疚则会成为心灵的毒药，给我们的生活质量带来伤害。其一是对个体功能和幸福的影响。除了造成情绪困扰，内疚还会妨碍我们集中足够注意力满足自身需求、履行个人义务的能力，而且常常使我们通过自我惩罚来缓解内疚感。其二是对人际关系的影响。过度的内疚会削弱我们与自己伤害过的人的沟通。此外，内疚的毒性还会向外扩散，在家庭、社交圈甚至群体中制造紧张氛围。

### 2. 看我做

释然是过度内疚最好的解毒剂。"释"，即放下。释然是当某种耿耿于怀的情绪消失后内心平静轻松的感受。勇敢直面我们的错误，寻求弥补方法才能让我们释放自己的内疚之情，重回释然状态。有效道歉和自我原谅是释然内疚最主要的两个配方。

配方一：有效道歉

一个道歉包括三个基本成分，用法用量：①对发生的事情表示遗憾；②明确申明"对不起"；③请求原谅。

配方二：自我原谅

用法用量：自我原谅绝不意味着我们的错误行为应该被接受或遗忘。相反，自我原谅是一个自觉的过程，其目的是与我们的错误行为和解。

第一步是问责：①描述导致他人受到伤害的错误行为；②查看你的描述，去掉所有的掩饰或借口；③从现实和情感两方面总结对方受到的伤害；④了解事情发生的背景，分析有哪些因素是情有可原的？如果有的话，它们是如何导致了你的行为？

现在，你对自己的行为后果和起因已经有了客观的认识，可以专注于自我原谅了。

第二步是弥补：首先确保不再重犯，然后是弥补。研究发现，弥补是清除过度内疚的有效机制。

一是仔细分析如何将未来重犯的概率最小化。你需要在思维、习惯、行为或生活方式上做出怎样的改变，才能最大限度地减少重犯的可能性。二是考虑如何为自己的行为做出有意义的弥补，以清除剩余的内疚。与自己达成协议，确定能够帮助自我原谅的重要任务和承诺。三是举行一个简单的仪式，纪念自己弥补任务完成。以自己的方式做个记号，证明你的忏悔已经结束。

3.跟我练

在《内疚清理练习》这本书中，作者伊尔斯·桑德为我们提供了许多清理内疚的小练习，以下几个分享给大家。

第一，为情绪分配比例。回想可以让你感到内疚的情境，在每种情绪上加上百分比，例如：压抑的愤怒20%，恐惧70%，悲伤8%，快乐2%。

第二，觉察自我批评。写下自我怪罪的原因，每天做，坚持一段时间。问问自己：当时在想什么？

第三，整理影响力清单。在那些让你不安的事情里，别人占了多大比例？画一个饼图，用百分比分配每个人应该负责的比例。

第四，检视个人守则。回想一下对自己的期待，思考一下是否符合现实。把个人守则写下来，针对每条守则写下评价。

第五，承认错误。回想一个情境，大声对自己说："都是我的错。"

（上海财经大学附属中学　刘轶敏）

# 独孤旅行者

🔑 **心钥匙**

孤独；交友

📷 **聚光灯**

"我"是小玫，刚跨区考入一所寄宿制学校。与起初的兴奋感全然不同，离开了父母无微不至的照顾，没有可以说悄悄话的知己，连一直以来令我骄傲的学业成绩也因为情绪低落而下滑。每一个住宿的夜晚，我总是在默默地哭泣，我不想一个人在这个陌生的学校里奋斗。老师和家长告诉我要变得独立坚强，勇敢地去交朋友，可是这没有想象中容易。

😊 **想一想**

体会一下主人公的烦恼，试着用词语来描述她的情绪，并在情绪温度计上标出情绪的强度。

情绪名称：

＿＿＿＿＿＿

情绪强度：

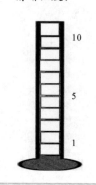

### 亮相台

小玫：一名胆小内向的高中女生。

妈妈：心疼女儿却不理解女儿的处境。

王老师：小玫的班主任，严格谨慎讲原则。

璐璐：小玫室友，班级学习委员，冷静好学。

莹莹：小玫的同学，开朗活泼，同学们的"开心果"。

小乐：小玫的同学，乐于助人，温柔善良。

### 小剧场

## 第一幕

【旁白：又到了需要打包行李去学校的日子，小玫的动作很慢，妈妈着急地催促她。】

妈妈：小玫，你怎么还没有整理好？快一点，要来不及了。

小玫：哦，知道了。

【旁白：又过了半小时，小玫还是没有整理好行李。】

妈妈：怎么回事，这点事情还拖拖拉拉？

【旁白：妈妈走进小玫的房间，想看看发生了什么事情，却看到小玫坐在椅子上发呆。】

妈妈：你是不想去学校了吗？怎么回事？

【旁白：听到妈妈严厉的语气，小玫哭出声来，妈妈也顿时手足无措。】

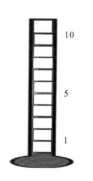

### 😊 想一想

你曾经有过与小玫类似的苦恼吗？那时你处在什么情绪中呢？同样试着给你的情绪命名并标出情绪的强度。

情绪名称：

_____

情绪强度：

10

5

1

引发情绪的事件：

_____

_____

妈妈：发生什么事情了呀？

小玫：我不想去学校，很没劲，也没有人说话。

妈妈：怎么不想去学校呀？你已经住了一个月了，怎么会没有人说话呢？

😊 想一想

如果你妈妈像小玫妈妈这样回应你的需求，你会有什么样的反应？

小玫：我成绩不好，也没有人和我做朋友，我有心事也没有人可以说。

妈妈：你有什么事情可以和妈妈说呀！

小玫：我就是不想去学校，呜呜呜……

妈妈：不去学校是不行的，你主动和同学说话呀？或者我去和你们老师聊一下？

小玫：不用了，不用了，我等一会儿就去学校！

【旁白：小玫不知道该怎么和妈妈继续沟通，整理好东西便去学校了。她步伐很沉重，不知道接下来的一周，她又将如何度过。】

## 第二幕

【旁白：这一晚，小玫还是睡得不好，第二天耷拉着眼皮走进教室，默默地坐在自己的座位上。班主任王老师在教室里注意到了小玫，其实

昨晚小玫妈妈还是没有忍住，向王老师了解了情况。】

王老师：小玫，你好像很困，最近有什么心事吗？要和我聊聊吗？

小玫：没有。

王老师：好的，如果有什么需要就和王老师说哦。

【旁白：王老师感觉到小玫不愿意开口，就想从同学这里了解。于是，她找小玫的室友璐璐和班上两位活泼的女生莹莹和小乐中午来办公室聊天。】

😊 **想一想**

当你在学校里感到孤独的时候，你会向谁倾诉你的烦恼？

王老师：我看小玫平时都不说话，整天没精打采的，你们知道发生了什么事情吗？

璐璐：她总是不开心，我也不知道为什么。有时候在做作业时，她也会发呆，晚上好像也睡得很晚。

王老师：她发生了什么事情吗？

璐璐：我也不清楚，平时问她，她也说没有什么事情。

王老师：莹莹，小乐，你们觉得呢？

莹莹：王老师，小玫是有点奇怪，和她说话，也不太热情。她也不会主动和同学们说话，我们也不知道她在想什么。

小乐：她的作业完成情况也不好，是不是学习跟不上啊？

王老师：小玫把心事都放在自己心里，我想肯定有原因，我们得想想办法。

璐璐：我可以辅导她作业。

莹莹、小乐：我们可以拉她一起玩。

## 第三幕

背景音（妈妈的声音）：你天天都在做什么？你怎么什么都不和我们说？

小玫：我好像不配被爱。

背景音（同学的声音）：这个同学好奇怪啊，她为什么不说话？

小玫：我好像不配被信任。

背景音（老师们的关心）：你的成绩怎么下降得那么厉害？你如果有什么不懂的可以问呀！

小玫：我好像不能被理解。

**想一想**

孤独可能来源于一些误解，你能找到小玫的误解有哪些吗，你能帮助她澄清吗？

小玫（内心独白）：我好像一直都是个很差劲的人，我好害怕，我想离开学校。

【旁白：小玫起身想离开教室出去透透气，突然听到有人在说。】

莹莹：等等！

【旁白：小玫心想，怎么有人知道我想要离开，小玫转过头去，看到莹莹正在叫她。】

莹莹：小玫你有空吗？我要去王老师那里搬个东西，你能和我一起去吗？

小玫（疑惑地说）：好的。

莹莹：你是不是有什么不开心呀？说给我听听吧！没关系的，我们可以一起吐槽啦！

【旁白：这时小乐也凑了过来。】

小乐：我也要听，我也要听。你知道吗？你很高冷，我们对你可好奇了。

**想一想**

当你知道有人希望与你接近，主动与你建立联系时，你会有什么样的反应呢？

小玫：我很高冷吗？

小乐：可酷啦！

小玫：我不知道怎么和你们说话，我不知道怎么开心起来，我觉得大家都不愿意理睬我。

莹莹：你知道吗？看到你不开心，我们也不知道怎么关心你，其实我们商量了好久，就是想听你说说话。

小玫：其实……我……

【旁白：小玫终于向同学们说出了内心的想法，她有点害怕，又觉得难得的轻松。】

小玫：我学习成绩不好，觉得别人不愿意和我说话，问别人问题又怕耽误同学学习。

小乐：你说的是璐璐吧？她是学习狂，讲题非常清楚的，我问过她很多次问题，她都愿意和我分享她的解题思路，顿时豁然开朗。你和她是室友，近水楼台先得月，我可羡慕你呢！

小玫：真的吗？

莹莹：你觉得她高冷，她觉得你高冷，其实都不是这样的，看来还是需要我们来帮你俩"破冰"。

小玫：那我试试看。

莹莹：我们每个人都是独一无二的星星，无数颗星星才汇聚起灿烂的星河啊！

😊 **想一想**

你能体会到把内心压抑已久的想法表达出来的轻松感觉吗？你有没有过相似的经历呢？

😊 **想一想**

再来评估一下小玫此时的情绪程度，你觉得有变化吗？你觉得他是如何做到的？

## 加油站

### 消除孤独"三步曲"

**1. 听我说**

孤独有的时候会带来消极的情绪体验，是因为我们希望自己被"看见"、被"听见"、被"理解"，这些都是很正常的情感需要。有时候，孤独也会带来力量，去做自己热爱的事情，坚持自己的梦想，每天精神抖擞。所以和孤独相处，与身边人的交往其实并不矛盾。如果你希望结交知心的朋友，试试看下面的方法吧。

**2. 看我做**

（1）寻求帮助。

寻求帮助是我们可以采取的一种方式，当我们被困在孤独中如同孤岛一般，可能自身没有力量去探索外部世界，那可以首先向最亲近、最值得信任的人倾诉内心的想法，向他们寻求帮助。

（2）调整自我。

寻求帮助不一定都能成功，所以还可以从自身出发，增加自己的知识储备、话题储备、

😊 **想一想**

如果你身处这种情绪中，你有哪些应对的方法？

学习一些聊天和社交技巧。例如：

① 如果实在不好说，你可以用打比方、举例子的形式，让其他人快速明白你的意思。

② 把自己的感受想法通过故事的形式表达，这样更容易被理解和接受。

③ 不仅要考虑说什么，还要考虑什么样的人在听你说话，用别人理解的方式去说。

④ 如果有人说的与你的想法不同，可以试着从对方的角度出发，找到看待问题的新视角。

（3）成为倾听者。

对于一些学生来说，有时候独处或者是看别人玩会感到更开心，那么不妨成为一位倾听者。谈话是一个互动的过程，其目的是传达信息和增进情感。有时，更多地倾听并鼓励对方多说话，甚至比你说更有效。

3. 跟我练

你会选择哪一些方法与孤独相处呢？在孤独中坚定内心的力量，在人群中汲取同伴的力量，都值得你去尝试哦！可以试着把你的尝试计划和结果写下来，看看哪一种方法更适合你。

（上海市控江中学　林婧婧）

# Emo 的夜晚

🔑 **心钥匙**

　　Emo；抑郁情绪；内耗

💡 **聚光灯**

　　"我"是赵小明，赵钱孙李的赵，"小明"就是大家都知道的"小明"。我是一名普普通通的学生，一个普普通通的人，来自普普通通的家庭。

　　其实我每天都过得很普通，没有什么惊心动魄的经历。如果有点什么事情发生，那么到了晚上，我躺在床上复盘白天发生的事时，就非常容易 emo（网络流行语，指抑郁等负面情绪）。

**涂一涂**

　　想一想主人公的烦恼，试着在情绪温度计上标出他的这种情绪的强度。

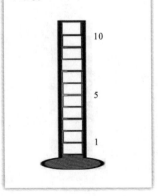

150

## 🏛 亮相台

赵小明：一名普普通通的学生。

赵小明妈妈：非常注重孩子的学习。

麦扣老师：赵小明的英语老师。

Sun：赵小明的"积极情绪分身"。

Emo：赵小明的"消极情绪分身"。

## 🏛 小剧场

# 第一幕

【旁白：在英语区公开课上，听课老师们密密麻麻地坐在后排，教室里摆满了各种现场录制设备，麦扣老师正在上课。】

麦扣老师：Who can read the passage on page 26?

Sun：不过是念篇课文，没什么难度，嘿，你和同学们一起举手吧！（赵小明和同学们一起举手发言了）

麦扣老师：Xiao Ming.

Sun：哇，还真叫到我了。咦？我好像看到摄像头对着我，我好像看到所有人都看着我，我好像觉得背后有无数双眼睛……呀！麦扣老师也笑眯眯地看着我，我得好好念，可千万别出岔子了。

赵小明：（结结巴巴，念不顺畅，还念错了）

【旁白：同学们哄堂大笑，听课老师也在憋笑。】

麦扣老师：That's OK. Maybe Ming feels a little nervous. Let's give him some encouragement.

同学们：（鼓掌）

【旁白：赵小明一脸通红，讪讪一笑，坐了下去。】

Emo：显眼包！太丢人了！不行就别上啊！

Sun：我怎么了？这么简单的任务都完成不了？

Emo：是啊，不就是那么几句话嘛，为什么还会读成那样？

Sun：不应该啊？下次我还要再试试看。

Emo：还要再试？请别再丢人了好不好！

Sun：可是……明明可以讲好的呀！

Emo：我可丢不起这个人！就你这表现，以后还是听我的吧！

赵小明：嗯，就这样吧……还是默默地不表现会更好。

【旁白：后面的课赵小明完全提不起精神，不在状态。】

 涂一涂

你有没有与赵小明相同的烦恼？如果有，试着标出这种情绪的强度。

情绪强度：

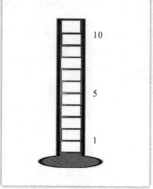

## 第二幕

【旁白：回到家里，赵小明一整个晚上情绪都很低落，做作业也没什么精神，于是他开始躺在床上刷手机。】

Emo：今天作业怎么那么多？谁做得完啊？

Sun：快要期中考试啦，作业多点也很正常。

Emo：你觉得正常，你做呗，我要休息了。

Sun：你玩手机，我也没法做啊！我们要一起才能完成作业。

Emo：反正我累了，我要摆烂。

Sun：快点一起做了吧，否则妈妈看到了肯定要说，这样更没有手机可以玩了。

Emo：我才不想管呢！

（妈妈路过赵小明的房间，看到赵小明躺在床上刷手机，于是就进屋了。）

想一想

你有遇到过和赵小明相同的境遇吗？如果遇到过，你是用哪些方法应对的？你会不会后悔自己做出的决定？

Emo：你个乌鸦嘴，都怪你！早点玩还能多看几个短视频。和你废话这么久，还把妈妈引来了。

妈妈：小明，作业都做完了？

赵小明：还有一点。

妈妈：快期中考试了，听你们班主任说，你们今天作业还挺多的，要抓紧啊！

Sun：惨了，妈妈知道作业很多啊！

Emo：好累啊，别管妈妈了，不想做！反正又不是没有被骂过。

赵小明：你们别烦我，我马上会做的。

妈妈：什么叫别烦你？我就提醒你快考试了，要抓紧时间！

赵小明：我不是说您。我是……您先别问了，我现在就写。

Emo：怎么现在就写了？不想写啊！

Sun：要写啊，在妈妈没发火前赶紧写完就好了呀！

想一想

当你在生活中遇到类似的困扰时，你会找你信任的人倾诉吗？说说看你会选择这么做的理由。

Emo：别说写了，我连敷衍都不想，好累啊！

妈妈：小明，你没事吧？

赵小明：妈，其实今天白天上公开课的时候出了一点小状况，我被听课老师和同学们嘲笑了一下。事后我看到有同学悄悄地聊这件事情，看到我走近了，他们就不说了。他们会不会觉得我好差呀，就这么点小事都搞不定？麦扣老师会不会觉得我丢她脸了？这堂课对她来说肯定很重要，我毁了她的精心设计，以后都没脸再见她了……

Emo：哎……这都想了800遍了，还要说出来吗？好累啊！

Sun：我本应该能做好的！

Emo：我看就是做不好，没有本应该！

妈妈：别想这么多，你目前的主要工作是把学习成绩搞上去，学习成绩上去了，同学和老师就会对你另眼相看，就会……

Emo：我就说吧，别说这件事。倾诉烦恼，烦恼加倍！

Sun：做好一件事怎么这么难？

赵小明：哎呀，走开，都别说了！让我一个人待会儿好吗？

妈妈（叹气）：好吧！休息一下，赶紧写作业啊！

Emo：躺平就对了！

Sun：……

【旁白：妈妈无奈地离开了赵小明的房间。】

😊 **想一想**

当你遇到类似的情绪困扰时，你会如何处理呢？你的处理方法有没有效果？还有没有别的有效方法可以推荐？

## 第三幕

【旁白：夜深了，赵小明还躺在床上刷着手机，手机里传出悲伤哀怨的音乐背景。时间一点点地过去了，赵小明觉得更累了，眼皮开始打架了。他放下手机打算睡觉，可是当他合上双眼的时候，发现自己根本睡不着觉……床上的赵小明翻来覆去，他的内心正在进行激烈的"内战"。】

Sun：要是我没有举手念课文，是不是就不会"社死"了？

Emo：是啊，就不该举手。

Sun：我想着念念课文，小事一桩，没想到会这样。

Emo：我这破心态，有点风吹草动就扛不住。

Sun：是啊，怎么才能好起来呢？

Emo：别想这种没用的问题，我就是个没用的人，挣扎什么呢？

Sun：今天同学们笑成那样，连听课老师都在笑了，你说他们明天是不是还记得这件事情啊？

Emo：那肯定还会记得，都"出名"啦！

Sun：哎呀，太丢人了，况且今天还有直播和录课，大家都知道了。

Emo：是啊是啊，不仅全校都知道，估计外校都知道了。

Sun：平时麦扣老师对我还蛮好的，我很想在她的公开课上好好表现，没想到会是这样的结果。

Emo：哎……她肯定对我很失望！

Sun：那我以后还怎么见她啊？

Emo：真的是没脸见她了！

【旁白：emo 情绪持续蔓延，不断循环。】

Sun&Emo：好累啊！

【旁白：躺在床上的赵小明突然起身。】

赵小明：我真的受不了啦！

Sun&Emo：哎哟，你怎么了？

赵小明：就那么点事情，反反复复地折腾我一天了，你们累不累啊？

Sun&Emo：累！

赵小明：累了，那还不赶紧去休息？

Sun：总想着能弥补一些什么。

Emo：总想着要是不那么做就好了。

Sun&Emo：根本停不下来！

赵小明：才多大点事啊！你们不要"偶像包袱"那么重呀！谁一天到晚讨论你们那点事儿？

Sun&Emo：可是他们都在嘲笑我！

赵小明：笑也正常啊，换作别人那么念的话，你们不也会笑吗？而且已经"笑过"了。事情已经过去了，过不去的是你俩对这件事的执念。

Sun&Emo：那倒是！

赵小明：如果是你们，对这件事会笑多久呢？笑一整天？一整个礼拜？还是笑一个月、两个月？或是笑上一整年？

😊 **想一想**

再来评估一下赵小明 emo 情绪的程度，你觉得有变化吗？你觉得他是如何做到的？

Sun&Emo：哦……一整年倒不至于，最多笑一天吧！微博热搜也就七天，何况这事也上不了热搜。

赵小明：那不就得了！

Sun&Emo：那……麦扣老师肯定会对我们失望的！

赵小明：失望肯定会有一点点，但是这小插曲也没影响她正常上课呀！你们没看到她下课后长舒一口气，自己悄悄地偷笑吗？

Sun&Emo：好像是，她高兴得连常规的默写作业都没布置。

赵小明：那不就得了！

Sun&Emo：你这么说挺有道理啊！放下这些妄念，的确感觉轻松一点了。

赵小明：放松下来了就赶紧睡吧！如果再"循环"，索性起来背英语单词吧！反正也睡不着！

Sun：休息好明天再背。

Emo：我先睡了，晚安！

赵小明：晚安！（倒头呼呼大睡）

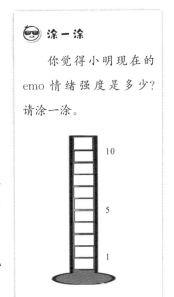

涂一涂

你觉得小明现在的emo情绪强度是多少？请涂一涂。

10

5

1

## 加油站

### 摆脱抑郁"三步曲"

**1. 听我说**

在生活中，抑郁情绪是一种很常见的情绪反应。人们遇到精神压力、生活挫折、痛苦境遇、生老病死、天灾人祸等情况时，理所当然会产生抑郁情绪。想要改变自己的抑郁情况，先要接受这种情绪的出现。人的情绪本身就会有波动，有快乐等积极情绪，必然就会有抑郁等消极情绪。当抑郁情绪来临时，你可以像对待快乐情绪一样对待它，让它自然地来、自在地去，允许它和快乐情绪像日月交替一样地存在。另外，有研究表明，睡前过度使用手机等电子产品会影响情绪。

想一想

如果你身处这种情绪中，你会使用哪些应对情绪的方法？

抑郁情绪与抑郁症的区别：①抑郁情绪只是诸多情绪的一种，没有绝对的好坏。每个人都可能体验到，这种情绪的产生受到自身心理状态或外在环境的影响。②抑郁症是一种心理疾病，表现为长期的情绪低落，核心症状是两周以上的大部分时间内情绪低落。抑郁症患者的学习和人际交往能力明显下降，严重的有自杀倾向。

2. 看我做

（1）睡前不要长时间使用手机。

（2）不要用绝对化的评判标准评价自己。

（3）多夸夸自己。

（4）吃点好吃的。

（5）做点自己喜欢做的事情，转移注意力。

（6）找同学、朋友或者家人倾诉。

（7）自己如果调整不好，可以寻求专业人士的帮助。

3. 跟我练

回顾一下以往自己的类似经历，试着按照上面的方法练一练，看看有哪些方式更加适合你来调节抑郁情绪的产生。

在学习生活中，出现抑郁情绪是难免的。如果抑郁情绪产生了，你需要更好地去理解抑郁情绪，主动接纳和调整抑郁情绪。

（上海市同济中学　许佳）

# 学做我自己

🔑 **心钥匙**

嫉妒情绪；人格发展；同伴关系

💡 **聚光灯**

我叫张逸，从小品学兼优，一直是班长，过得顺风顺水……直到林潇的出现。好像总有一股无形的力量，拿我和她来作比较，随后一系列悲催的事情就降临到我头上了……三好学生是她，班级代表是她，班主任有事第一个想到的也是她，就连同学们抄作业第一个想到的还是她！

我难道真的不如她吗？不，我要和她好好比一比！我不认输！

😊 **想一想**

张逸产生了什么情绪困扰？

_____

😎 **涂一涂**

此时张逸的情绪强度是多少？请涂一涂。

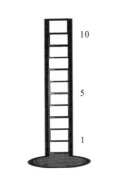

159

###  亮相台

张逸：一个活泼、热心、直爽、易冲动的女孩。

吴优：张逸的闺蜜，一个没心没肺的快乐精灵。

林潇：一个品学兼优、外形出众、温柔坚定的女孩。

刘老师：热爱学生、循循善诱的校团委书记。

李燕：一名外校的同学。

王婉：一名外校的同学。

> 想一想
>
> 你有羡慕过"谁"吗？羡慕他的什么？

### 小剧场

## 第一幕

【旁白：张逸和吴优在团委办公室外的走廊尽头闲聊，说到校运动会方阵领队一职，正巧被校团委书记刘老师和林潇同学碰见……】

吴优：张逸啊张逸，你是要笑死我吗？你居然要去竞选校运动会的方阵领队？

张逸：为什么不可以？我就要去！

吴优：姐姐，你可消停点吧！前两年做幕后策划和广播员，不是挺好的吗？刘老师还一直夸你文案写得好呢！

张逸：那有什么用？除了你们，谁知道是我张逸做的？

吴优：可是大家都听得到你的声音啊！

张逸：那有什么用？运动会的广播就是背景音，领队才是主角。凭什么每年都便宜林潇？大家只记得我们班的林潇，我们学校的林

潇。我又不傻，凭什么每年都是我做幕后？

吴优：嗯……你说得也有道理……那我是不是也得去竞选一下？

张逸：就此打住，你别来给我添乱！（一把捏住吴优的后颈肉）

刘老师：吴优、张逸，我和林潇正找你们俩呢！你俩怎么还掐上了？

吴优和张逸：刘老师好！

吴优：我俩闹着玩呢，嘿嘿！

刘老师：就你俩最调皮。对了，说点正事。刚才我和林潇商量了，今年还是吴优负责服装道具，张逸负责文案广播，林潇负责训练方阵和领队……

张逸：刘老师……今年我想领队，我不想弄文案和广播了，我也想……

刘老师：简直胡闹！这次的运动会方阵可是市级层面的评比啊，平时要点性子也就算了，可别在这节骨眼上给我胡闹！

张逸：可是凭什么每次领队都是林潇，出风头的都是她？我和吴优算什么？她的绿叶，她的肥料吗？

吴优：张逸，你少说两句吧！

刘老师：张逸，你什么态度啊？你们都是代表学校去争取荣誉，只是每个人的分工不同而已，刘老师可是一视同仁的……

张逸：吴优，你别拽我！既然一视同仁，这次就让我当领队，让林潇写文案。

**😊 想一想**

你支持张逸的做法吗？

☺　　　☹

支持　　　反对

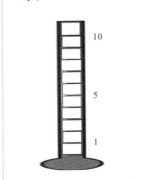

**😎 涂一涂**

此时此刻，张逸的嫉妒情绪有多强？请涂一涂。

10

5

1

刘老师：张逸，你的文案成熟，广播经验丰富。同样的，林潇训练经验丰富，领队更成熟。咦？你今天是怎么了？非要在这里和我杠？

张逸：我觉得您这样安排不公平。应该和我们商量着来，我不接受现在的决定。

林潇：刘老师，张逸，你们别吵了！我愿意让张逸试试看……

张逸：林潇，我不需要你在这里装好人。

林潇：……

吴优：张逸，你这么说过分了啊！

张逸：行！那我不干了可以吧？（扭头就走）

刘老师：张逸，你给我好好反思一下！

😊 想一想

(1) 支持张逸的理由：
_____。

(2) 反对张逸的理由：
_____。

## 第二幕

【旁白：两天后，张逸为自己的愤怒、冲动向刘老师和林潇道了歉，口头上也服从了刘老师的安排，但内心和林潇较量一下的想法仍然存在。在市级运动会方阵评比的当天，张逸有了一个想法，她悄悄换上了林潇的领队服，门口却传来了焦急的敲门声……】

小李：有人吗？有人吗？快救救她！

张逸（打开门）：怎么啦？发生什么事了？

小李：我同学呛住了！

小王：咳咳咳……呼……

张逸：赶紧把椅子拿来，我们一起把她扶到椅子上。

【旁白：张逸想起之前做志愿者的时候，学习过海姆立克急救法。张逸有节奏地按压小王的腹部，直至小王鼻口处喷射出一小块稠状物，脸上渐渐恢复了血色……】

张逸（擦了擦额头的汗水）：好了，这下应该没事了。

小李：谢谢你，同学！真的太感谢了！

小王：感谢……感谢救命之恩！

张逸：不用谢！危急时刻伸出援手，理所当然嘛！

小李：同学，怎么称呼啊？

小李（张逸还没来得及开口，突然惊叫道）：林潇，你是林潇啊！

张逸（满脸问号）：什么？我不是，我叫……

小李：林同学，你果然名不虚传啊！实验中学林潇，做好事不留名！

张逸：我真不是……我是……

小王：学姐，真的很感谢你。你的领队服上写着"林潇"两个字，你不是林潇，又怎么会穿着林潇的领队服呢？

张逸（内心独白）：我怎么就这么瞎、这么背呢？

小李：林同学，以前都是在电视转播和赛场上看过你，没想到这次可以有幸认识你。

小王：是啊，学姐。你在我们市里可太出名了，学习又好，体育又好，今年还评上了市三好学生，你太优秀了！

张逸：你们……过奖、过奖……其实林潇也没有这么优秀。

张逸（内心独白）：完了，要和林潇的两个小迷妹尬聊了，谁来救救我啊！

小李：你看，你又谦虚上了。今天多亏了你，你真厉害啊！

小王：是啊，林学姐，真是太感谢你了！

张逸：凑巧、凑巧……

张逸（内心独白）：是我张逸救了你，不是林潇，好吗！！！

小李：林潇，你穿这套领队服真好看呀！

小王：是啊，我也觉得。

张逸：你们之前没有见过林潇吗？

张逸（内心独白）：得赶紧把她俩撵走，换下衣服。要是被别人发现我穿林潇的衣服，我就要"社死"了。

小李：没有这么近地看过你，都是远远地看个轮廓。

张逸：哦……

张逸（内心独白）：那我要是说点奇怪

😊 **想一想**

　　张逸被错认成林潇时，她会有什么样的情绪体验？（写出1～3个情绪词）

_____

_____

_____

的话语，做点变态的行为，岂不是既能给林潇增添点"闪亮"的履历，又可以把她俩吓走……嘿嘿。

小王：学姐，刚才乱哄哄，忘记做自我介绍了。我是上洋中学的王婉。

小李：我是李燕。

张逸：很高兴认识你们，我是张……张弛路上实验中学的林潇。

张逸（内心独白）：张逸啊张逸，你是张逸啊！

小李：林潇，你们实验中学是不是有一个同学叫张逸啊？

张逸：张……张逸？怎么了？

小王：她的声音很好听啊，写的播音词还很有力量。

小李：听说她还一直坚持做文案工作，也超级厉害的！

张逸：是……是吗？

张逸（内心独白）：我的广播居然还有外校的人会听到，不可思议（窃喜）……

小李：林潇，你和张逸是老搭档了，一定和她很熟吧？她在你们学校也和你一样是风云人物吧？

张逸：不不不，我林潇肯定不如张逸啊。

张逸（内心独白）：林潇啊林潇，我张逸的机会来了！

小王：林学姐，你太谦虚了。不过话说回来，你和张逸学姐的声音好相似啊，很有穿透力，给人很有力量的感觉。

小李：是的是的，这次我们回去一定会和老师说的，感谢林学姐这次的仗义相助。你就等着收锦旗吧！

张逸：大可不必，不过是小事一桩……

张逸（内心独白）：我到底是造的什么孽啊？偷穿林潇领队服，冒充林潇的事情

😊 **想一想**

张逸对林潇的嫉妒中是否存在恶意？

是瞒不住了。我没脸在实验中学，不，没脸在地球上混了！

小王：林学姐，我们一定要感谢你的！

小李：林潇，你就放心吧！包在我们身上。

小李、小王：不打扰你啦！拜拜！

张逸：拜拜……

张逸（内心独白）：一说到林潇赖着不走，一说到张逸拔腿就跑，对吧？两只小白眼狼！算了，还是赶紧脱衣服，回去准备转学手续吧！

## 第三幕

【旁白：一周后，在校团委学生会的办公室里，看着上洋中学寄来的表扬信和锦旗，刘老师一头雾水。在与上洋中学反复确认表扬信和锦旗内容没有错误后，刘老师想到了张逸……】

张逸：刘老师，您好！

刘老师：张逸，你好！过来坐下吧！

张逸：刘老师，找我什么事啊？

刘老师：张逸啊，这是你干的"好事"吧？

张逸：刘老师，这上面写的可是林潇的名字啊，当然是……是她干的"好事"。

刘老师（笑了笑说）：我的意思是，林潇能分身做好事，是你干的"好事"吧？

张逸：啊，您在说什么绕口令呢？

刘老师：好！某些同学做好事不留名，还给同学送大礼，那我们必须得接受她的好意呀！

张逸：刘老师，您有啥打算啊？

张逸（内心独白）：刘老师难道已经知

想一想

你在什么情况下容易产生嫉妒情绪？

道了，不可能啊……继续装傻。

刘老师：当然是要在升旗仪式上给林潇同学颁奖。

张逸：别啊，刘老师。我想林潇同学也不希望这么大张旗鼓，没必要……真的没必要……

张逸（内心独白）：完了，全完了，到时候事情败露，我可就要"社死"了，还是在升旗仪式上，救命啊！

刘老师：就这么决定了！那天林潇、吴优和我一起在吃早饭，居然还能分身去急救，你说这么神奇的事情，不得让全校都知道吗？

张逸：啊……刘老师，你都知道啦……

刘老师：张逸啊，你又在捣什么鬼？我看到上洋中学寄来的东西都懵了。我还特地打电话去问……你得给我说清楚。

张逸：刘老师，事情是这样的……

刘老师：其实，拿到锦旗和表扬信的那一刻，我就感觉是你。好强、干练、尖锐是你的保护色，热心、温暖、善良才是你的底色。按照林潇的性格，早就跑出来喊人帮忙了，只有你才会有胆子一个人上。其实两周前，我就知道你是因为市三好学生在和林潇怄气，各种找不自在。

张逸：对不起，刘老师，给您添麻烦了……

刘老师：这很正常的。每个人都希望自己可以变得更好，这是人之常情。尤其

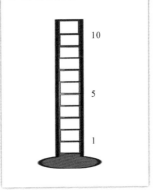

涂一涂

张逸现在还嫉妒林潇吗？请涂一涂她的嫉妒情绪强度。

10

5

1

想一想

刘老师教会张逸什么消除嫉妒心的方法？

_____。

167

看到自己的竞争对手还胜过了自己，就容易产生嫉妒心。但你要记住，林潇之所以成功，是因为林潇始终在做林潇。林潇无论如何，都不会像张逸那样做事。同样，你也永远不会成为林潇。即使你披上了林潇的衣服，做的也是张逸的事情。

张逸：是的，刘老师。我之前总觉得自己评不上市三好学生是因为我不如林潇，我只要像林潇一样，我只要取代了林潇，就可以了，结果，非但没有起色，反而还把自己的生活给搅乱了……

刘老师：你和林潇都是好学生，都有自己独特的"好"，你们两个是"不一样的人间烟火"。你极力想成为林潇，到头来依然是张逸。我想，你在帮助了那两个同学后，内心也是幸福的，但又阴差阳错地不能承认自己的真实身份，难过吧？

张逸：是的，刘老师，你说得太对了！

刘老师：所以，一定要始终记得"做自己"，珍惜自己，疼惜自己。当我们能够坦然接纳自己的好与不好，勇敢地拥抱内心中最真实、最柔软的自己时，你就是自己的光。

张逸：嗯，谢谢刘老师！我记住了！

刘老师：拿去吧，张逸。这是属于你的荣誉。

张逸：可是……名字……

刘老师：你打开看看！

张逸：啊！居然是张逸！

> 😊 **想一想**
>
> 结合你的过往经历与现实情况，积极挖掘自己的潜能，写下自己的5个特点：
>
> _____
>
> _____
>
> _____
>
> _____

## 加油站

### 消除嫉妒情绪"三步曲"

**1. 听我说**

嫉妒情绪是当个体发现自己不如他人时，自然而然地将自己和对方进行不合理的比较，又因比较结果无法满足个体的自尊需要，从而产生的消极情绪体验。

嫉妒情绪是人类天生的，在一定程度上激发了个体的自我保护和社会竞争，它可以满足我们对于自尊的需要。但是，当它被过度激发时，就会变成一种病态的心理状态，严重影响个体的心理健康。

学会正确面对嫉妒情绪，是儿童青少年心理健康成长的重要一课。

**2. 看我做**

(1) 学会欣赏。

学会欣赏自己，也学会欣赏他人。尝试在自我觉察、他人评价中找寻自身的特点。同样，也要学会欣赏别人的优点。积极探索别人与自己的互补点，形成合力，通过合作共同进步。

(2) 寻求支持。

嫉妒情绪是一种非常普遍的情绪体验。通过向亲朋好友倾诉，定能收获共情与理解，让你重新找回社会支持的力量。此外，倾诉和倾听本身就是一种很好的疗愈方式。

(3) 专注自我。

常言道"天外有天，人外有人"，而嫉妒情绪却总是引导我们向外比较，这不仅会让我们被嫉妒所困扰，还会逐渐迷失自我。因此，学会专注自我，将注意力集中于自己的生活和目标，和自己去比较，并为之努力，你会离自己的目标越来越近。

3. 跟我练

**嫉妒日记本**

| 序 号 | 1 | 2 |
|---|---|---|
| 日 期 | | |
| 事 件 | | |
| 对 象 | | |
| 嫉妒值 1（1～10） | | |
| 原因（内 or 外） | | |
| 我会怎么做 | | |
| 嫉妒值 2（1～10） | | |

通过填写嫉妒日记本，觉察嫉妒情绪的来源，并为之做出改变，再观察自身嫉妒情绪的变化。

（同济大学第一附属中学　陈超）

# 后　记

　　为促进儿童青少年的情绪发展，激发其心理潜能，自 2016 年开始，杨浦区开展了以提升儿童青少年情绪智力为核心的课程建设，该项目为上海市教委"区域心理健康教育特色课程建设"项目，旨在通过课堂讲授以及相应的课外练习与活动，培养儿童青少年对情绪的识别、理解、运用和调控能力，帮助其积极面对情绪问题，促进有效的人际交流，更好地适应学校生活环境，提升其社会性发展，助力其健康成长。

　　"情绪智力"概念最初于 1990 年被提出，经历数十年的探索，已在教育、发展、管理、社会、临床与健康等领域有了广泛丰富的学术研究。沙洛维（Salovery）和玛伊尔（Mayer）（1990）通过实验研究提出情绪智力的理论框架，将情绪智力定义为个体监控自己及他人的情绪和情感，并识别、利用这些信息指导自己的思想和行为的能力。戈尔曼（Goleman）（1997）对沙洛维和玛伊尔的定义进行进一步的扩充，提出情绪智力是一种能持续自我控制、坚持及能自我激励的能力，总共包含五个方面的能力：①认识自己情绪的能力；②妥善管理自己情绪的能力；③自我激励的能力；④理解他人情绪的能力；⑤人际关系的管理能力。

　　我们倾向于将情绪智力定义为个体识别、表达、调控情绪并能将之合理运用在学习、人际生活中的可培养的能力。

　　研究发现，情绪智力的培养和提升计划有助于增进儿童青少年的社会交往能力、行为表现和心理健康水平，同时对于自己情绪的理解和掌控也有帮助，还能增加儿童青少年未来生活的主观幸福感，提高生活质量。

第一阶段，项目组针对不同年龄阶段的情绪特点，设计了适合学生阅读学习的情绪智力培养读本，分别为《情绪密码》（小学）、《情绪拼图》（初中）、《情绪魔方》（高中）三册，并同步开发了配套教师用书——《情绪智力培养活动手册》，主要对应于学生读本的情绪辅导主题，设计了相应的活动方案。

现阶段，情绪智力课程已进入深化研究阶段，如何在内容和形式上进一步拓展和丰富，使之更适合儿童青少年的需求，成为项目组不懈追求的目标。因此，我们以儿童青少年喜闻乐见的表达性艺术辅导作为媒介，探索不同的艺术载体在儿童青少年情绪智力培养方面的有效性。俞雷（2023）提到表达性艺术辅导运用于心理课堂具有三点优势，即体验性、多样性和创造性，并取得良好的教学效果。杨玉虹（2022）的研究表明，在心理课堂中引入表达性艺术治疗的形式能够帮助学生更好地与自我联结，探索自身内在的潜力，帮助学生处理情绪问题，提升压力管理、情绪纾解的技巧。林观华（2015）提出校园心理剧在小学生情绪智力辅导领域同样具有独特的应用价值和积极意义。在校园心理剧的编排与表演过程中，也为参与学生提供了充足的合作互动，同时，参演学生与剧中人物以及观众与演员之间所产生的情感共鸣，都能够使得学生的共情能力得到提升（刘倩，2022）。项目组的两所学校，上海理工大学附属实验初级中学和同济中学，在一年的校园心理情景剧的创排实践中，印证了其对中学生情绪智力提升的有效性。

本书收录了18个情绪主题的校园心理情景剧，尽管是以剧本的形式展开，但可以以"剧"抒"情"、以"剧"舒"心"，希望读者朋友们能够在"阅读—互动—体验—感悟"中走近情绪、走近生活、走近自己。也希望我们的剧本能够给广大同仁提供可参考的样例，指导儿童青少年在创剧、排剧、演剧、观剧、论剧、悟剧的过程中积极探索。当然，大家也可以择取剧本片段应用于心理活动课中，让我们的课堂教学更灵动。

在此特别感谢上海市教育科学研究院教授（研究员）、上海市中小学心理辅导协会理事长沈之菲老师在专业上的悉心指导，感谢参与本书编写的心理教师们的倾情投入！

限于研究视角和水平，本书在某些方面还存在不足，恳请广大读者不吝指正。